高职高专院校"十二五"规划教材

Wode Daxue Wo Zuozhu
Daxuesheng Zhiye Fazhan Shouce

我的大学我作主
——大学生职业发展手册

李 峻 卜佳锐 主编

中山大学出版社
SUN YAT-SEN UNIVERSITY PRESS
·广州·

版权所有　翻印必究

图书在版编目（CIP）数据

我的大学我作主：大学生职业发展手册/李峻，卜佳锐主编.—广州：中山大学出版社，2014.10

ISBN 978-7-306-05036-6

Ⅰ.①我… Ⅱ.①李…②卜… Ⅲ.①大学生—职业选择—高等职业教育—教材 Ⅳ.①G647.38

中国版本图书馆CIP数据核字（2014）第224968号

出版人：徐　劲
策划编辑：金继伟
责任编辑：曾育林
封面设计：林绵华
责任校对：三　原
责任技编：黄少伟
出版发行：中山大学出版社
电　　话：编辑部 020-84113349，84111996，84111997，84110771
　　　　　发行部 020-84111998，84111981，84111160
地　　址：广州市新港西路135号
邮　　编：510275　传　真：020-84036565
网　　址：http://www.zsup.com.cn　E-mail:zdcbs@mail.sysu.edu.cn
印　刷　者：虎彩印艺股份有限公司
规　　格：787mm×1092mm　1/16　13.25印张　230千字
版次印次：2014年10月第1版　2017年2月第4次印刷
定　　价：29.00元

如发现本书因印装质量影响阅读，请与出版社发行部联系调换

编 委 会

主　　编：李　峻　卜佳锐
副 主 编：谢锦权
编　　委：余　生　范　伟　张朝登　许碧琴
　　　　　李　勇　魏忠正　杨　霞　陈晓业
　　　　　林少镇　叶娇荣　余业琼

主编简介

李　峻　副教授，国家高级职业指导师，中山大学 EMBA 学员。现任广东岭南职业技术学院常务副校长、广东省高等学校思想政治教育研究会副秘书长、广东省高校人事管理研究会常务理事、广东省高等学校思想政治理论课教学指导委员会委员、广州志愿者学院客座教授。从事高校教育工作多年，在民办高校管理、大学生思想政治教育、职业指导与培训等方面卓有成效。2012 年，其主持的"青年成长修炼特训营"项目荣获广东省高校校园文化建设优秀成果三等奖，以及广东省高校学生事务管理优秀项目，并获 2011—2012 学年度广东省民办教育协会科研立项。曾荣获"全国优秀教育工作者"、"福建省先进工作者"、"广州市教育系统优秀共产党员"、"广东省南粤优秀教师"、"广东省学生工作红棉奖"、"广州岭南教育集团名师"等荣誉称号。出版专著数部，发表论文数篇。

卜佳锐　现任广东岭南职业技术学院党委副书记，学务长兼学生事务中心主任，广东青年创业就业联合会理事。2001 年参加工作，一直从事高校学生工作，对民办高校学生管理与思想政治教育、共青团工作、大学生成长成才体系建设等方面有一定研究，曾到韩国、中国台湾地区高校交流访问。先后主持"构建民办高职院校大学生党员培养新机制"、"在民办高职大学生中推广志愿服务的实践与探索"等多项省级课题，公开发表多篇学术论文，获 1 项省级荣誉。

内 容 提 要

本书紧贴"90后"高职高专大学生的思想特点与人才培养要求,从大一新生入学开始到大三毕业步入社会,全程给予大学生清晰的职业规划、职业发展指引和辅导。本书以青年学生喜闻乐见的方式叙述,结合趣味案例帮助理解,贴近大学生的学习与生活、寓教于学。本书在适应大学生活、确定理想目标、收获充实人生、亮剑职场等方面均有具体的论述。

全书共分为五章。第一章"走进大学",重点讲解我的自画像,这就是我,清晰地自我认识与定位,问问自己未来想做什么、未来的我将是怎样的状态,为了实现梦想,我现在该如何努力。

第二章"大一探索",重点辅助规划未来三年的大学生涯,从融入大学、专业盘点、感知社会、时间管理、保持身心健康与培养淳朴的大学友谊等方面为大一新生提供智力支持,让新同学收获快乐充实的大一学习生活。

第三章"大二定向",指导大二学生集中精力促进专业成长,在时间管理的合理性与科学性方面进一步优化以提高学习质量、发展健康身心、凝聚大学友情、拓宽人际交往。初步探索、认知职场,做到心中有目标、行动有方向,用勤奋和智慧践行"我的大学我作主"。

第四章"大三准备",走过大二岁月的大学生更加成熟,在探索职业发展的征途中,及时总结自我、调整心态,明晰大三该如何更加善用时间,胸怀征战职场或者自主创业的梦想,为未来加油。

第五章"规划未来",在大学生涯的最后一站,回首那些年我们一起走过的大学生活,面对它我们更加珍惜也更加释然和自信,更能客观评估自我,通过了解职业生涯规划的分类、影响因素,按步骤制订自己的职业生涯规划,实现"我的大学我作主"。

目 录

第一章 走进大学 ………………………………………………… 1
第一节 这就是我 …………………………………………… 2
    一、认识自我 …………………………………………… 2
    二、我的家庭 …………………………………………… 2
    三、我的成长故事 ……………………………………… 4
    四、自我评价 …………………………………………… 6
第二节 我想做什么 ………………………………………… 8
    一、我的价值观 ………………………………………… 8
    二、我能做什么 ………………………………………… 10
    三、生涯幻游 …………………………………………… 16
第三节 未来的我 …………………………………………… 19
    一、长期发展规划（10年）……………………………… 19
    二、中期发展规划（5年）………………………………… 19
    三、近期发展规划（3年）………………………………… 19
    四、近期目标分解（大学期间目标分解）……………… 20
第四节 学长赠言（第1—7篇）……………………………… 21

第二章 大一探索 ………………………………………………… 30
第一节 规划扫描 …………………………………………… 30
第二节 融入大学 …………………………………………… 32
    一、角色转换 …………………………………………… 33
    二、我的大学 …………………………………………… 34
    三、我的班级我的家 …………………………………… 34
    四、我的宿舍 …………………………………………… 34
    五、校园信息 …………………………………………… 35

第三节 专业盘点 ……37
一、专业概况 ……37
二、行业初探 ……37
三、企业知悉 ……37
四、自我提升 ……38
五、专任老师或师兄师姐访谈 ……39

第四节 感知社会 ……41
一、自我盘点 ……41
二、行动策略 ……41

第五节 健康大一 ……45
一、自我盘点 ……45
二、确定目标与行动策略 ……47
三、反思总结与调整修正 ……47

第六节 爱在大一 ……50
一、自我盘点 ……50
二、确定目标 ……51
三、行动策略 ……52
四、融入团队 ……52
五、情感管理反思 ……54

第七节 时间管理 ……56
一、自我盘点 ……57
二、确定目标 ……60
三、行动策略 ……62
四、压力管理 ……62
五、反思总结 ……65
六、调整修改 ……65

第八节 快乐大一 ……67
一、生活角色 ……67
二、理财小计划 ……69

第九节 从理论到实践 ……73
一、确定目标 ……73
二、行动策略 ……73

三、反思总结与调整修正 …………………………………… 74
　第十节　丰收的第一年 ……………………………………………… 75
　　　一、自评 …………………………………………………………… 76
　　　二、组织评估（360°检测）………………………………… 76
　　　三、反思总结 …………………………………………………… 77
　　　四、调整修正 …………………………………………………… 77

第三章　大二定向 ………………………………………………………… 78
　第一节　大二规划 …………………………………………………… 78
　　　一、大一反思 …………………………………………………… 78
　　　二、大一目标审定 ……………………………………………… 79
　　　三、大二目标确定 ……………………………………………… 80
　　　四、大二目标分解 ……………………………………………… 81
　第二节　专业成长 …………………………………………………… 83
　　　一、大一专业学习自我盘点 …………………………………… 83
　　　二、大二确定目标 ……………………………………………… 84
　　　三、大二反思与总结 …………………………………………… 85
　第三节　融入社会熔炉 ……………………………………………… 86
　　　一、大一社会实践自我盘点 …………………………………… 86
　　　二、大二社会实践行动策略 …………………………………… 87
　　　三、大二社会实践目标总结与调整修正 ……………………… 87
　第四节　健康大二 …………………………………………………… 88
　　　一、心理健康小助手 …………………………………………… 89
　　　二、强健体魄与锻炼 …………………………………………… 89
　　　三、身体健康目标与实施措施 ………………………………… 90
　　　四、心理调节与规划 …………………………………………… 91
　第五节　青春有爱 …………………………………………………… 94
　　　一、大一情感管理大点兵 ……………………………………… 95
　　　二、大二情感管理新目标 ……………………………………… 95
　　　三、大二情感管理总结与调整修正 …………………………… 98
　第六节　时间管理 …………………………………………………… 99
　　　一、自我盘点 …………………………………………………… 99

二、行动策略 ………………………………………………… 100
  三、调整修正 ………………………………………………… 100
 第七节 职场初体验 ……………………………………………… 102
  一、职场目标设计 …………………………………………… 102
  二、职场再行动 ……………………………………………… 103
  三、反思总结 ………………………………………………… 106
 第八节 我的大学我作主 …………………………………………… 108
  一、自我评估 ………………………………………………… 108
  二、他人谏言 ………………………………………………… 109
  三、反思总结 ………………………………………………… 110

第四章 大三准备 ………………………………………………………… 111
 第一节 走过大二 ………………………………………………… 111
 第二节 总结自我 ………………………………………………… 111
  一、总结大二规划的实施情况 ……………………………… 112
  二、原因分析 ………………………………………………… 112
 第三节 描绘大三 ………………………………………………… 113
  一、大三情况分析(学习、品德、技能、时间等方面) …… 113
  二、目标确定与实施时间进度 ……………………………… 113
  三、学习实施计划 …………………………………………… 114
  四、总结回顾 ………………………………………………… 116
 第四节 健康大三 ………………………………………………… 117
  一、健康大二规划回顾 ……………………………………… 117
  二、健康大三计划设定 ……………………………………… 118
 第五节 爱暖校园 ………………………………………………… 120
  一、大二情事逐件数 ………………………………………… 120
  二、大三理性情感计划 ……………………………………… 121
 第六节 善用时间 ………………………………………………… 123
  一、大二时间使用情况 ……………………………………… 123
  二、确立大三时间规划目标 ………………………………… 125
  三、有效使用大三的时间 …………………………………… 125

         第七节　征战职场 …………………………………………… 126
            一、设定求职方向 ………………………………………… 126
            二、行动策略 ……………………………………………… 129
            三、择业宝典 ……………………………………………… 135
         第八节　创业梦想 …………………………………………… 140

第五章　规划未来 …………………………………………………… 145
      第一节　那些年，我们一起走过的大学心路 ………………… 145
      第二节　评估自我 …………………………………………… 148
            一、大学生与职业人的差别 ……………………………… 148
            二、大学生尽快完成角色转化的途径 …………………… 151
      第三节　我的未来我作主 …………………………………… 161
            一、职业生涯规划的分类 ………………………………… 162
            二、个人因素对职业选择的影响 ………………………… 162
            三、能力与职业 …………………………………………… 166
            四、影响职业生涯的环境因素 …………………………… 167
            五、制订职业生涯规划的步骤 …………………………… 170

附录1　职业锚（职业倾向）自我评价测试问卷 …………………… 183
附录2　管理人员能力评价表 ………………………………………… 186
附录3　职业满意度测试 ……………………………………………… 189

毕业寄语 ……………………………………………………………… 194
参考文献 ……………………………………………………………… 196
后记 …………………………………………………………………… 197

衷心希望各位同学面对即将开始的新生活，做好最充分的准备，刻苦学习，学会做人，学会做事，成为父母的骄傲、社会的栋梁，为美好的人生画卷落下浓墨重彩的第一笔。

——俞仲文

第一章 走进大学

大学，在我心中曾是一个梦，梦让我看到了窗外的阳光，梦让我看到了无边的彩霞，梦给了我不变的召唤，梦引领我追逐一个又一个目标。如今，我真的走进了大学。

_____年____月____日，我来到了_____。

进入大学第一天的情景：_____
_____。

我的心情：_____
_____

_____，这就是我的大学。

老爸老妈对我说：_____。

我想这样度过我的大学生活：_____
_____
_____
_____
_____
_____。

第一节 这就是我

一、认识自我

我的性格_____。
我的特长_____。
我的不足_____。
大学三年急需提高和完善的地方_____。

二、我的家庭

　　人生就是旅行，无论我们在哪里，最终我们还是会回到生我养我的地方——家。家是什么？家是港湾，家是避风港，家就是引导我们前行的路标，家也是指引我们由黑暗走向黎明的灯塔……

　　曾几何时，心中的念头就是早点离开家，希望早点拥有自由。离开家的瞬间，才明白对家的思念是多么的真切，离开家的自由却是那么的孤寂。仰望天空，却不知心中牵挂的天空是否还是那么的蓝，思念的人是否开心、是否安康。

　　家是什么？

　　语文说："'家'是一个字，里面有温暖，有关怀，还有爱。"

　　数学说："'家'是一个和，家＝成员＋爱心＋诚心＋孝心＋理解。一个充满真情的家才是一个实数。"

　　"家"，我喜欢这个字，因为我也拥有一个温暖的家。我爱我的家。

（一）家庭职业树[①]

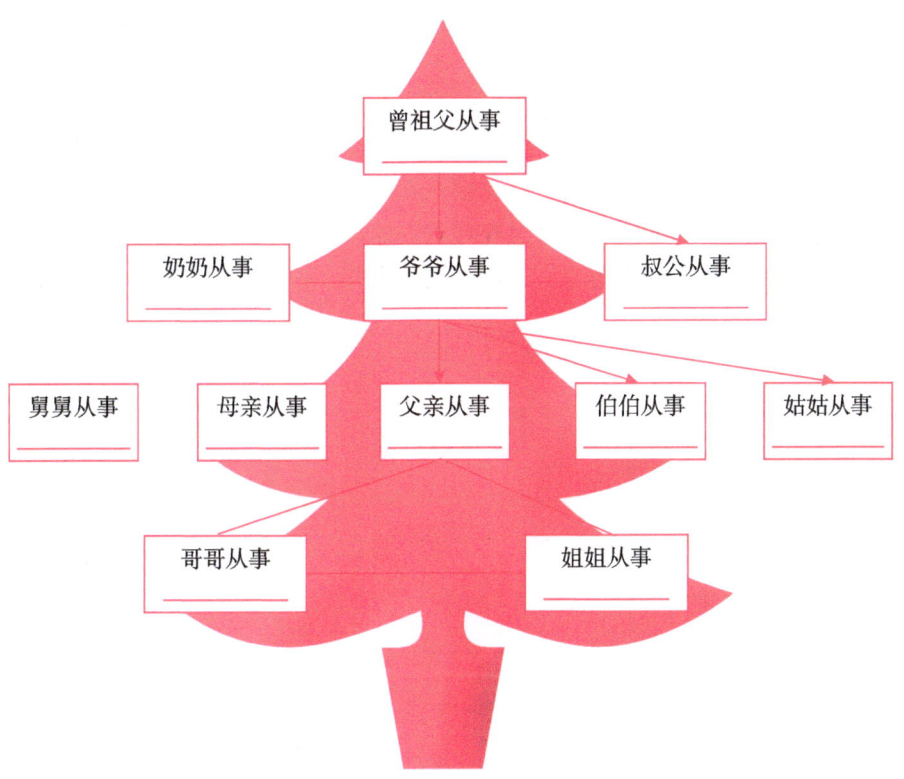

填写完家族职业树之后，请回答以下问题。

问：家族中大多数成员从事什么职业？

答：_____。

问：未来想要从事什么职业？

答：_____。

问：爸爸如何形容他的职业？爸爸的想法对你有何影响？

答：_____。

---

① 参见佚名《家族职业树》，见百度网（http://wenku.baidu.com/view/d36db762783e0912a2162a4f.html）。

问：妈妈如何形容她的职业？妈妈的想法对你有何影响？

答：＿＿＿＿＿＿＿＿＿＿＿＿＿＿＿＿＿＿＿＿＿＿＿＿＿＿＿＿。

问：家族中谁对职业的想法对你的影响比较大？为什么？

答：＿＿＿＿＿＿＿＿＿＿＿＿＿＿＿＿＿＿＿＿＿＿＿＿＿＿＿＿。

（二）给爸妈的感言

也许你已经不记得最后一次寄信是在何时，也许你已经忘了期待一封信是怎样的心情。当科技的结晶充斥我们的生活时，家书已经被我们渐渐遗忘。今天，我们告别短信，不用电话，拿起久违的笔写一封家书，向家人问候。

亲爱的老爸老妈：

你们好！

＿＿＿＿＿＿＿＿＿＿＿＿＿＿＿＿＿＿＿＿＿＿＿＿＿＿＿＿＿＿
＿＿＿＿＿＿＿＿＿＿＿＿＿＿＿＿＿＿＿＿＿＿＿＿＿＿＿＿＿＿
＿＿＿＿＿＿＿＿＿＿＿＿＿＿＿＿＿＿＿＿＿＿＿＿＿＿＿＿＿＿
＿＿＿＿＿＿＿＿＿＿＿＿＿＿＿＿＿＿＿＿＿＿＿＿＿＿＿＿＿＿
＿＿＿＿＿＿＿＿＿＿＿＿＿＿＿＿＿＿＿＿＿＿＿＿＿＿＿＿＿＿
＿＿＿＿＿＿＿＿＿＿＿＿＿＿＿＿＿＿＿＿＿＿＿＿＿＿＿＿＿＿
＿＿＿＿＿＿＿＿＿＿＿＿＿＿＿＿＿＿＿＿＿＿＿＿＿＿＿＿＿＿
＿＿＿＿＿＿＿＿＿＿＿＿＿＿＿＿＿＿＿＿＿＿＿＿＿＿＿＿＿。

三、我的成长故事

不经意间，光阴从指缝中无声地流泻，殊不知，一眨眼的光景，从前那个咿呀学语、年少无知的我已成为一名大学生。回忆成长途中的点点滴滴，或喜或忧，它宛如一个五彩斑斓的匣子，掀起它的盖子，映入眼帘的便是一颗颗璀璨的珍珠，一股暖流涌上心头，弥漫着情。

成长经历回顾：
（一）最自豪的事件
_____
_____
_____。

事件简述：
_____
_____
_____。

成长感悟：
_____
_____
_____。

（二）最后悔的事件
_____
_____
_____。

事件简述：
_____
_____
_____。

成长感悟：
_____
_____
_____。

（三）影响最大的人

姓　名：_____　　职　业：_____　　与本人关系：_____

令我最难忘（影响最大）的事件回顾：

_____

_____

_____。

用一句话总结过去：

_____

_____

_____。

四、自我评价

俗话说："知己知彼，百战不殆。"人的一生中，努力了解自己、发现自己，不断战胜自我、超越自我，可以使自己变得雍容睿智、从容自信，在纷繁复杂的社会中，更加理性地把握人生方向、领悟人生真谛、体会人生价值、实现人生追求。

在现实生活中，你了解自己吗？你有多了解自己？现在，让我们认真思考，写出十个"我的优点"及十个"我的缺点"。

（一）我的优点

_____

_____

_____。

（二）我的缺点

_____

_____

_____。

正确认识自己①

赫尔墨斯,古希腊神话中天神宙斯的儿子,是主管商业之神,他想了解一下自己在人间的地位到底有多高。有一天,他化装成一位顾客来到雕像店。他指着宙斯的头像问雕像者:"这个值多少钱?""一个银元。"他笑了,又指着赫拉的雕像问:"这个多少钱?""两个银元。"他走到自己的雕像前,心想,自己是商业的庇护神,地位应该比较高,便问:"这个值多少钱?"雕像者指着宙斯和赫拉的雕像说:"假若你买那两个,这个免费送给你。"赫尔墨斯只得悄悄溜走了。

纪伯伦在其作品里讲了一只狐狸觅食的故事。狐狸看着自己在晨曦中的身影说:"今天我要用骆驼做午餐!"整个上午,它奔波着,寻找骆驼。当正午的阳光照在它的头顶时,它再次看到自己的身影,于是说:"一只老鼠也就够了。"狐狸犯了两次不同的错误,是与选择晨曦和正午的阳光作为镜子有关。晨曦改变了它的身影,让它认为自己就是万兽之王,可以为所欲为,而正午的阳光又让它对着自己已缩小了的身影忍不住妄自菲薄。

生活中,我们要正确评估自己的成绩和长处。要有所成就,能力不可忽视,但机遇也是重要的一环,只有能力和机遇并存时,才能有现在的成绩。因此,绝不能单纯强调自己的主观努力,忘记别人与社会为你创造的条件,一定要谦虚谨慎,老老实实做人、勤勤恳恳做事。

我们还要正确评估自己的缺失。个人身上的不足不可怕,可怕的是不改正。很多时候正是对一些小问题不注意,才酿成大错。

世界上没有两片完全相同的树叶,人也一样。正确认识自己,不但可以了解自己的长处,还可以清楚明白自己的短处,给自己一个正确的定位,才有信心去迎接机遇和挑战,创造属于自己的成功和快乐。

正确认识自己,才能让自己有信心,才不会在人生的旅途中迷失自我。正确认识自己,才能正确确定人生的奋斗目标。只要有正确的人生目标,并为之奋斗,就能有所成就,即使不成功,也问心无愧。

---

① 参见韦秀英《心灵鸡汤全集》,科学技术出版社2010年版,有改动。

第二节 我想做什么

一、我的价值观

什么是价值观？这是大学生活必须探讨的不可或缺的主题之一。不同的价值观将引导人走向不同的方向，成就不同的未来。

下面，让我们来做"借船过河"① 心理测试。也许，当测试结束后，你会对自己的价值观有一定的认识，也会了解到什么对自己是最重要的！

当你做测试的时候，请不要偷窥后面的答案哦！如果已经知道结果，那测试就失去价值了。最好能够找来一个伙伴，以讲故事的形式进行。

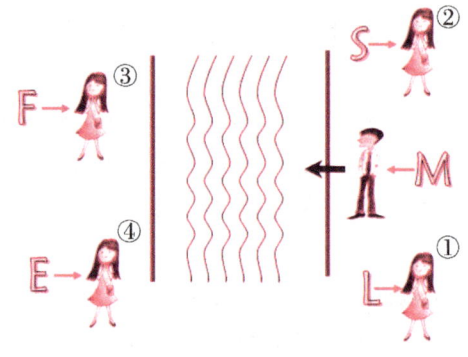

借船过河

有位男子叫 M，他要到河的对岸与他的未婚妻 F 相会结婚，M 必须要借船过河才能见到 F，于是他开始四处找船。

这时，一位女子 L 刚好有船，M 准备跟 L 借。L 遇到 M 后爱上了他，就问："我爱上你了，你爱我吗？"M 比较诚实，说："对不起，我有未婚妻，我不能爱你。"结果 L 没有将船借给 M，她对 M 说："我很爱你，但你爱的是你的未婚妻，我是不会借给你的！"

M 很沮丧，继续找船，见到一位叫 S 的女子，就向她借船。S 说：

---

① 参见佚名《借船过河》，见有意思吧网（http://www.u148.net/article/33219.html），有改动。

"我借给你可以,但你要答应我的条件,你必须陪我一个晚上,我才把船借给你。"M很为难,L不借船给他,如果S再不借船给他的话他就不能过河与F相见了,据说这个地方只有这两条船。为了彼岸的未婚妻,他不得不同意了S的要求,与S有了一夜情。次日,S遵守承诺把船借给了M。

与未婚妻F会面后,M很内疚,考虑许久,终于向F坦白跟L和S借船的事情。可惜,F听了非常伤心,一气之下与M分了手,她觉得M不忠,不能原谅。M失恋了,很受打击。这时他的生活里出现了一位女子E,两人也开始恋爱了,但之前的故事一直让他耿耿于怀。E问M是不是有什么话要跟她说,于是,M一五一十地把他和L、S、F之间的故事讲了一遍。E听了后,说:"我不会介意的,这些跟我没关系。"

故事讲完了,问题来了,请你把这几个人排列次序,标准是你认为谁最好,谁第二,谁第三,谁第四,谁第五?这位叫M的男子也计算在内。建议不要想得太复杂,也不需要考虑大众看法,你认为谁做得好就是好。

测验的答案其实很简单,每个人所代表的含义是不同的。

M——金钱(Money)。

L——爱情(Love)。

S——性(Sex)。

F——家庭(Family)。

E——事业(Enterprise)。

虽然这只是一个简单的测试,却能从侧面检测个人的价值取向。大学,是一个人价值观成熟并逐渐稳定的关键阶段。不同的价值观会影响我们的学习、交往,甚至以后的工作和生活方式。形成科学的、正确的价值观,是刚步入大学的我们必须正视的问题!

你知道吗?其实,人生平均只有900个月!你可以画一个30×30的表格,每过一个月,就在一个格子里打钩,你全部的人生就在这张纸上。不妨拿起你手中的笔,把这个人生表格画下来,也许这时你会有一个清晰的概念:我的人生是如何度过的?我将怎么做才能让每一寸逝去的时光不至于成为虚无……

人的一生是短暂的,应该马上用行动去实现自己人生中的目标。

不妨静下心来,好好想一想:在你的生命历程中,影响最深的事情有哪些,最想做的事情是什么。

(1)我最为重视的生涯价值是_____,

因为_____。

（2）我最不重视的生涯价值是_____，

因为_____。

二、我能做什么

刚步入大学校园的你，想不想知道自己的能力如何？请拿起笔来，答案将马上揭晓。

（一）职业能力自评表

我们用《职业能力自评表》，考查你的职业能力评价。该测试的评定用5级量表：A. 强；B. 较强；C. 一般；D. 较弱；E. 弱。

测试分为9组，每组均相应测试一项职业能力。每组均有6道题，按上述5个等级为各道题打分。选择A项为1分，B项为2分，C项为3分，D项为4分，E项为5分。累计各项得分之后，合计总分。

职业能力自评表[①]

（a）第一组

项　　目	A. 强	B. 较强	C. 一般	D. 较弱	E. 弱
善于表达自己的观点					
阅读速度快，并能抓住中心内容					
清楚地向别人解释难懂的概念					
对文章中的字词、段落和篇章的综合理解分析能力					
掌握词汇量的程度					
中学时你的语文成绩					
小计分数					
合　　计					

---

① 参见佚名《职业能力自评表》，见百度网（http://wenku.baidu.com/view/15cd96c608a1284ac850 431e.html），有改动。

(b) 第二组

项　　　目	A. 强	B. 较强	C. 一般	D. 较弱	E. 弱
做出精确的测量（如测长、宽、高等）					
解算术应用题					
笔算能力					
心算能力					
使用工具（如计算器）的计算能力					
中学时你的数学成绩					
小　计　分　数					
合　　　　计					

(c) 第三组

项　　　目	A. 强	B. 较强	C. 一般	D. 较弱	E. 弱
美术素描的水平					
画三维度的立体图形					
看几何图形的立体感					
想象盒子展开后的平面形状					
玩拼板（图）游戏					
中学时你的美术成绩					
小　计　分　数					
合　　　　计					

(d) 第四组

项　　　目	A. 强	B. 较强	C. 一般	D. 较弱	E. 弱
发现相似图形中的细微差异					
识别物体的形状差异					
注意到多数人忽视的物体的细节部分					
检查物体的细节					
观察图案是否正确					
中学时善于找出数学作业的细小错误					
小　计　分　数					
合　　　　计					

(e) 第五组

项　　目	A. 强	B. 较强	C. 一般	D. 较弱	E. 弱
快而正确地抄写资料（如姓名、数字等）					
阅读中发现错别字					
发现计算错误					
在图书馆很快地查找编码卡					
发现图表中的细小错误					
自我控制能力（如较长时间做抄写工作）					
小　计　分　数					
合　　　计					

(f) 第六组

项　　目	A. 强	B. 较强	C. 一般	D. 较弱	E. 弱
劳动技术课中做操作机器一类的活动					
玩电子游戏或瞄准打靶					
在体操、广播操一类活动中身体的协调灵活性					
打球姿势的平衡度					
打字比赛或算盘比赛					
闭眼单腿站立的平衡能力					
小　计　分　数					
合　　　计					

(g) 第七组

项　　目	A. 强	B. 较强	C. 一般	D. 较弱	E. 弱
灵巧地使用手工工具（如榔头、锤子）					
灵巧地使用很小的工具（如镊子、缝衣针等）					
弹乐器时手指的灵活度					
动手做一件小手工品					
很快地削水果（如苹果、梨子）					

续上表

项　　目	A. 强	B. 较强	C. 一般	D. 较弱	E. 弱
修理、装配、拆卸、编织、缝补等一类的活动					
小　计　分　数					
合　　　计					

（h）第八组

项　　目	A. 强	B. 较强	C. 一般	D. 较弱	E. 弱
善于在陌生的场合发表自己的意见					
善于在新场所结识新朋友					
口头表达能力					
善于与人友好交往，并协同工作					
善于帮助别人					
擅长做别人的思想工作					
小　计　分　数					
合　　　计					

（i）第九组

项　　目	A. 强	B. 较强	C. 一般	D. 较弱	E. 弱
善于组织班级的集体活动					
在集体活动或学习中，时常关心他人的情况					
在日常生活中能经常动脑筋，想出别人想不到的好点子					
冷静果断处理突然发生的事情					
在你曾做过的组织工作中，你认为自己的能力属于哪个等级					
善于解决同学之间的矛盾					
小　计　分　数					
合　　　计					

（二）你的能力等级评定

能力等级评定办法：以各组总计得分除以 6 可得该组所测职业能力最后得分。把每一组的评定等级填入下面的表格中。

组别	相应职业能力	合计分数	能力等级评定分（合计分数/6）	你的能力等级属于
第一组	语言能力			
第二组	数理能力			
第三组	空间判断能力			
第四组	察觉细节能力			
第五组	书写能力			
第六组	运动协调能力			
第七组	动手能力			
第八组	社会交往能力			
第九组	组织管理能力			

根据你的能力等级评定得分，可以判断你的能力属于哪个等级。5 个等级的含义："1"为强；"2"为较强；"3"为一般；"4"为较弱；"5"为弱。评定等级可能有小数点，如等级为 2.2，表示此种能力水平稍低于较强水平，高于一般水平。

（三）各种职业能力的特点

（1）语言能力：指能够说出或理解的、合乎语法的语句，能够辨析有歧义的语句，能够判别表面形式相同而实际语义不同或表面形式不同而实际语义相似的语句，以及听、说、读、写、译等语言技能的运用能力。

（2）数理能力：指能迅速而准确地运算并能推理、解决应用问题的能力。

（3）空间判断能力：指对立体图形及平面图形与立体图形之间的关系的理解能力。

（4）察觉细节能力：指对物体或图形的有关细节具有正确的知觉能力，对于图形的明暗、线的宽度和长度能做出区别和比较，看出其细微的差别。

（5）书写能力：对印刷物、账目、表格等材料的细微部分具有正确的知觉能力，善于发现错别字和正确校对数字的能力。

（6）运动协调能力：指眼、手、脚、身体能迅速、准确地随活动的动作做出精确的行动和运动反应，手能跟随看到的物体迅速行动，进行正确控制的能力。

（7）动手能力：指手、手指、手腕能迅速而准确地活动和操作小的物体，在拿取、放置、翻转物体时，手能做出灵巧的自由运动。

（8）社会交往能力：指能觉察他人情绪意向，有效地理解他人和善于同他人交际的能力。

（9）组织管理能力：指为了有效地实现目标，灵活地运用各种方法，把各种力量合理地组织和有效地协调起来的能力。

我有什么能力啊？这是常常自己问自己的重要问题，也难怪如此，因为能力会影响人的成功。不管你想成为法官、律师还是明星等，你都可利用四个步骤来衡量自己的能力。

第一，找老师和同学问问他们对你的看法——能说出优缺点更佳。

第二，看看自己是否同意他们的看法。

第三，把所有的优缺点写下来并观察这些优缺点对自己的帮助。

第四，重复第一到第三的步骤，不断整合优点和助力。

持续一段时间后，想象自己是一件等待销售的商品，并填写以下相关内容。

（1）本产品的特色：

_____

_____

_____

_____

（2）待改进之处：
_____
_____
_____
_____。

（3）需要进一步改进或包装：
_____
_____
_____
_____。

（4）建议事项：
_____
_____
_____
_____。

当你对自己的能力有清晰的了解之后，可以做到取长补短、发挥优势，那么，你将能够用较短的时间获得更佳的成绩！大学三年，你将如何度过，怎样才能够发挥自身的价值，让自己变得更加出众？通过以上指引，相信你心中或许已经有了答案！

三、生涯幻游

你现在拥有哪些能力，你敢畅想十年后自己的模样吗？未来的生活状态又将如何？现在，就让我们一起乘坐光阴穿梭机，到未来世界去走一回吧！

置身于时光隧道，想一想，你现在的年龄是多大？容貌如何？尽可能具体地想象十年后的状态……

清晨醒来，你和往常一样，慢慢地睁开眼睛，首先看到的是卧室里的天花板。看到了吗？它是什么颜色？

你准备下床，尝试去感受脚指头接触地面那一刹那的温度，是暖暖的还是凉凉的？经过一番梳洗之后，你来到衣柜前，犹豫着今天要穿什么样的衣服。然后，你来到餐厅，早餐吃的是什么？一起用餐的是谁？你跟他们说了什么话？

接下来，你关上家里的大门，准备前往工作地点。你回头看一下，你的家是一幢什么样的房子？随后，你将搭乘什么样的交通工具上班？

当你到达工作地点，首先注意一下，这个地方看起来如何？然后你进入工作的地方，你跟同事打招呼，他们怎么称呼你？还有哪些人出现在这里？他们正在做什么？

你在办公桌前坐下，安排一下今天的工作日程，然后开始上午的工作。工作内容是什么？跟哪些人一起工作？工作时用到哪些东西？

上午的工作很快结束了。午餐你是如何解决的？吃什么？跟谁一起吃？进餐愉快吗？

接下来是下午的工作，跟上午的工作内容有什么不同？忙碌吗？

下班了，结束一天的工作，下班后你直接回家吗？或者你要先办点什么事？又或者要参加一些什么样的活动？

晚餐的时间到了，你会在哪里用餐？跟谁一起用餐？吃什么？

晚餐后，你做了些什么？跟谁一起？

就寝时间来临，你躺在床上，回忆今天的点滴，生活快乐吗？是不是要许个愿？你许什么样的愿望呢？

渐渐地，你很满足地进入梦乡……（一分钟后）

梦醒时分，回到现实世界。还记得你的幻游经历吗？请和你的朋友（同学）一起分享你在生涯幻游中出现的有趣的经历。然后请你将这些经历按顺序排列，例如：

（1）你看到卧室的天花板是白色的。

（2）你感觉到地板是暖暖的。

（3）你穿的衣服是卡宾西装。

（4）和你一起吃早餐的人是你的爱人、儿子和保姆。

（5）你住的房子是郊外的一幢洋房。

（6）你乘坐的交通工具是奥迪跑车。

（7）你的工作环境是在市中心的一座标志性建筑大楼。

（8）同事称呼你为总监。

（9）你上午的工作就是签署文件，听取部门的工作汇报和主持会议。

（10）和你一起吃午餐的人是某广告公司的老总。

（11）你下午的工作内容是出席亚太地区一个国际性的研讨会，并在会上演讲。

（12）和你一起吃晚餐的人是你的爱人、孩子。

（13）你晚餐后的活动是与爱人和孩子一起散步，享受天伦之乐。

（14）对于一天的工作和生活，你的感觉是既紧张又充实。

（15）临睡前，你许的愿望是希望与××公司的合作能早日达成。

做最醒目的那一棵树①

师大毕业，我被分到一个林区小镇的中学当老师。

我是语文组八个老师中唯一一个从名牌大学毕业的。刚参加工作时，我按照校长的安排进行了教学改革，深得领导的器重，加上自己的不断努力，工作越来越突出，很自然便成了办公室里的"出头椽子"，惹来别人的嫉妒，经常会引起同事们的误解和不满，增加了自己的烦恼。

直到现在才算真正地领悟到为人处世的难处。不管自己做得多么的谨慎，不管自己对同事多么的关心，还是会引起同事的冷嘲热讽，更加没有一个知心的朋友可以倾诉自己的心里话。

一天，我把心中的苦恼向谢老师倾诉。谢老师给我看一幅风景画，那上面画了许许多多几乎一般高的杨树，在画面的左上角，有一棵参天挺拔的杨树特别醒目，虽然只画了不足一半，但它那超凡脱俗的壮美却是显而易见的。

"小伙子，这回你该明白，'出类拔萃'这个成语的含义了吧？嫉妒，是人之常情，但我们嫉妒的是比自己略强的人，谁会去嫉妒那些很有成就

---

① 参见佚名《做最醒目的那一棵树》，见镇海中学校园网（http://www.zhzx.net.cn/teacher/teacherhome/wangjinli/chickensoup/tree.htm），有改动。

的人？人们对比自己强很多的人就只有钦佩。就像这株醒目的大树，别的树对它只有仰慕，唯有努力地学习和追赶它的脚步。"

我明白了——面对猜疑和嫉妒，不要去抱怨和顺从，不要为照顾别人的感受而动摇和改变自己。最好的选择就是把自己的优点和长处展示出来，做优秀的自己，让别人去羡慕。

心语：是的，"走自己的路，让别人去说吧！"我们要做的，就是坚定信念，让自己变得更加出众。

第三节 未来的我

外界变化日新月异，一日千里。虽然你思想的步伐足够快，但是要把计划付诸行动，最终梦想成真，这并非一蹴而就，其间还要踏踏实实、持久作战，欲速则不达！当变化出现时，意味着你在完成任务的行动中，将面临一种新的境况。此时，为了完成任务或达到目的，你需要根据这种新的情况，改变或完善自己的原定计划。否则，任务将失败！为了能够完成我们的任务，就要经常改变自己原有的计划，从而让自己完成计划，并顺利完成任务。

一、长期发展规划（10年）

（1）长期目标：＿＿＿＿＿＿＿＿＿＿＿＿＿＿＿＿＿＿＿＿＿＿＿。
（2）目标确定的原因：＿＿＿＿＿＿＿＿＿＿＿＿＿＿＿＿＿＿。

二、中期发展规划（5年）

（1）中期目标：＿＿＿＿＿＿＿＿＿＿＿＿＿＿＿＿＿＿＿＿＿＿＿。
（2）中期目标与长期目标的关系：＿＿＿＿＿＿＿＿＿＿＿＿＿。
（3）目标确定的原因：＿＿＿＿＿＿＿＿＿＿＿＿＿＿＿＿＿＿。

三、近期发展规划（3年）

（1）近期目标：＿＿＿＿＿＿＿＿＿＿＿＿＿＿＿＿＿＿＿＿＿＿＿。

（2）目标确定的原因：_____。

四、近期目标分解（大学期间目标分解）

（1）大一目标：_____。

目标细化：

1) _____。完成时间：_____

2) _____。完成时间：_____

3) _____。完成时间：_____

（2）大二目标：_____。

目标细化：

1) _____。完成时间：_____

2) _____。完成时间：_____

3) _____。完成时间：_____

（3）大三目标：_____。

目标细化：

1) _____。完成时间：_____

2) _____。完成时间：_____

3) _____。完成时间：_____

心灵鸡汤

选　　择[①]

一樵夫，上山砍柴，不慎跌下山崖，危急之际，他拉住了半山腰处一根横出的树干，人吊在半空，但崖壁光秃高耸，爬不回去，而下面是崖

[①] 参见佚名《选择》，见钢之家网（http://t.steelhome.cn/index.php?mod=topic&code=107215），有改动。

谷。樵夫不知所措，正好有一老僧路过，给他一个指点，说："放！"

既然没有活命的可能，吊在半空中就是死。那就只有往下跳了——不一定活，但也不一定死。

也许可以顺着山势而下，缓和一点冲下去的重力。也许半途能够有另一棵树，那么就可以再减掉一次冲力。也许会死，也有可能活着。

这个故事最大的启发是人们对未知的态度。

任何事情都有两面性，关键在于你怎么去选择，与其在树上等死，还不如用所有的精力，搏一搏运气，跌下去可能会死，但是也有生存的希望，哪怕是万分之一的希望，毕竟还是一线生机。

教人跳下悬崖找活路，是不是疯了？

如果把每一次都当成你生命中最后的机会，那你就会超越常人。你的生命中有自己一套专属的价值观，你会有另一个思维足以自由闯荡的空间。

凌空摆荡，浪费时间而仍然不会有结果。最后谁都不能在半空中撑多久，既然使劲保持半天吊，倒不如趁自己头脑还清醒、体力还能赌多一次的时候，好好把握自己的命运。

跳下去，不一定就活不了。

第四节　学长赠言（第1—7篇）

第一篇　我对师弟师妹的学习建议
2005级会计电算化2班　黄英干

光阴匆匆又在眼皮下溜走了六年，但这不能阻止我每次回想起大学三年时内心的澎湃激昂。在短短的三年里，你会接触和认识到校园里形形色色的人和事，他们会给你带来各种各样的感受，在那之后你会体验到一种家之外的独立感，跟随感悟坚持走下去，这就是一种成长的磨炼。希望我的学习建议对师弟师妹们有所帮助。

说到让公司运作，领导们往往喜欢有能力的人，但在他们不认识你之前，你必须拿出证明来。所以在去面试的时候多数是要出示自身获得的技能证书来获得初步认可。社会认证过的技能证书就是钥匙，他是进入企业的必备品。所以在大学三年里还是算好时间，坚持把必须拿下的证书拿下来吧，因为就业工作真的很需要它！

能力的好坏将会影响你在岗位上的发展，目前我认知的能力有三种：一是专业能力；二是人际关系能力；三是自学能力。

专业能力好比游戏规则，不熟悉规则，将导致你玩不转游戏，只能接受失败。比如，我是会计电算化专业的，那我必须知道并且熟悉专业内的各种知识。这能力其实是对应技能证书的，所以在考证的时候，还是认真点把这些知识掌握，日后只需要花少量时间温习就可以了。

人际关系能力就是一种协调沟通能力。从大的方面讲，公司犹如一台巨型机器，每个职员就是它的零件，只有在每个零件都运转协调的情况下，这机器才能正常运转，所以公司需要有良好人际关系能力的人。从小的方面讲，我们的工作总会有遇到各种问题，有些问题必须得到别人的协助才能很好地处理。假如你人际关系不好，那将会有大把袖手旁观的人出现，你自己将置身于万劫不复的境地。在那三年的学习生活中请不要错过和你的同学、老师等的交流机会，因为这是一种无形的锻炼。积极参加集体活动，多接触充满正能量的人和对我们成长有帮助的人，这将会是你人生中的一笔财富！

自学能力，人生路漫漫，遇到的问题肯定很多，大学的知识肯定不够用，不断地学习，否则你会很快被社会淘汰。自学能力是一种习惯，比如课前预习就是一种最基础的自学能力。自学能力是一种思维，一种运用旧知识进行举一反三的思维，只有自学才能更加丰富自己的知识层面。

以上是我这几年攒下来的一点点拙见，望师弟师妹们珍惜大学时光，走过人生最绚丽的青春岁月。

第二篇　致师弟妹的一封信

　　　　2007级医药营销班　古少锋

亲爱的师弟妹：

你们好！很荣幸能给你们写信，提笔前祝贺你们成为岭南学院的一名大学生！

从高中到大学是人生的重要转折。在此，我浅谈一下在校期间的一些学习方法,希望能给你们在校三年或者以后的工作提供一点帮助。

大学的学习方法比起高中有着很大的变化,要想学到知识和技能,除了要继续勤奋刻苦学习外,还要适应大学的学习规律,掌握大学的学习特点,选择适合自己的学习方法。

首先,我认为应该端正自己的学习态度,明确学习是为了提高我们自身的价值,而不是为了他人而学习。在学习中,难免会遇到种种困难,但是不能灰心丧气,应该保持一种积极向上的乐观态度。我们不能一味地只看分数,只注重结果而不去重视过程,这样到头来欺骗了自己,所以要以一颗平常心来看待一切。

其次,我们要掌握正确的学习方法。学习方法是提高学习效率,达到学习目的的手段。我认为不但要用功学习,而且要有好的科学的学习方法。勤于思考,多想问题,不要靠死记硬背。学习方法对头往往事半功倍。在大学学习中我们要把握住的几个主要环节是:预习、听课、复习、总结、记笔记、做作业、考试等,这些环节把握好了,就能为进一步获取知识打下良好的基础。

另外,做好自我的时间管理。古人云:"文武之道,一张一弛。"要保持良好的学习状态,注意保证充足的睡眠,注意锻炼身体,劳逸结合。可以适当参加各类团学活动,多与人沟通合作,从而拓展交际与视野。

最后,特别注意自学能力的培养,学会独立地支配学习时间,自觉主动地学习。图书馆绝对是想学习的人必到的地方,有计划、有目地进行文献搜查,收集资料,利用寒暑假参加社会实践。注意思维能力、创造能力、组织管理能力、表达能力的培养,为将来适应社会工作打下良好的基础。

希望我的建议对你们在大学三年的学习生活中有所帮助,祝你们在岭南学院的三年学有所成!

第三篇　全面发展才是优秀的根本

2008级会计电算化4班　黄振童

时光荏苒,离开校园已数年时间,记忆中的校园安静而美好,回想起来,在校园度过的光阴就是一种享受。在你步入社会的那一刻,你会明白,母校,是温暖的摇篮。

离校时间有点长了,但是回忆还是很清晰,从叫苦连连的军训,到与教官送别的不舍;从班里六十个陌生的面孔到毕业时热泪盈眶的相拥,还有在团学中一起奋斗,一起成长,一起为同学服务的兄弟姐妹。

当初那个刚进校门懵懂的少年,在大家的支持与鼓励中,我参加了"三下乡"、志愿者系列服务,起初接触的我没有出色的表现,也没有过人的本领,就是一个平凡的志愿者。但是,我提倡的是,做一个平凡而不平庸的人,你可以让自己像块巨大的海绵,不断地吸收来自各方面的新知识新能力,有如课堂上的学习能力,院校间的交际能力,活动中的统筹能力,等等。我很庆幸,能在不断的努力中,一步步地迈向校团委学生副书记这一职务,带领着岭南的团学,走过热情似火的青春岁月。

作为一名大学生,我觉得成绩并不是全部,德、智、体全面发展才是一个优秀学生的根本。我除了学习之外还积极参加课余活动,适当放松和锻炼身体。我们应该在踏入社会前,为自己打下坚实的基础,做到不骄不躁、头脑冷静清晰。大学好比一个小社会,虽然不是那么复杂,但是可以从每个人或者每件事中得到启发并反思,这是一个巨大的收获。

"你付出的,总是会有收获的",我们不能因为害怕付出而不去尝试、不去努力,其实最大的收获来自心灵成长。举一个简单的例子,有的同学会因为义工工时满了就变得不积极和懒散,做起事来不情不愿。先不说这种行为的对错,我个人觉得多为集体付出,不要斤斤计较,你收获的不只是汗水,更多的是快乐。"施比受更有福",从中也会认识更多的真心朋友,何乐而不为?

合理安排好学习时间,充分利用课余时间,好好享受休息时间。这是我给大家的建议,开心学习,快乐生活,虽然是很简单的寄语,但是希望能给师弟师妹们好的启发。

第四篇　韶华三年,愿稻穗金黄

2009级市场营销1班　陈松岳

掌中乾坤大,足下万物生。跋涉过烈日炎炎,搏斗过狂风暴雨,种子会破土而出成秧苗、变稻穗,收获满仓沉甸甸的稻谷。这就是我的大学生活，敛尽苦涩，稻香氤氲。

仰望星空，脚踏实地

一个人总要仰望点什么，比方星空，有仰望才会走得更远，亦即有目标。每个人小学都写过一篇题为"我想成为？"的文章，但却很少人会铭记于心。刚进大学的大一新生几乎都处于迷茫状态：我以后要做什么？我的方法是什么？把我所喜爱的、我所擅长的以及我所学的列举出来，重合之处即为我的目标职业。例如，我喜欢广告行业，我擅长公关，我学市场营销，取之重合处即为广告传媒。离开校园两年，我已是一家传媒公司的中层干部，这就是目标的力量。

脚踏实地执行既定的计划，没有实施，一切计划都是空谈，没有半点力量！

人是能够思想的芦苇

大学的一个挑战就是你将不停歇地面对选择，小到是否留任团学干部，大到直接工作还是考专插本之间的抉择。三年时光，有人周旋于学生社团工作，有人忙着做兼职奔波于生计，有人专注于学习致力研究。大学生活各种各样，每个人的追求与选择不同。我分享两点看法：一是独立思考；笛卡尔说："我思考，故我存在"；学会听取不同的声音。二是面对艰难的选择时果断抉择，因为永远都不知道后面的选择是否比前面的选择好，我们能做的就是在选择之后，用行动来论证你这个抉择是正确的。

拒绝平庸，拥抱璀璨

努力让优秀成为习惯的人终将成为优秀的人。多经历、多学习，而不是宅在宿舍打游戏、看韩剧、逛网购。希望三年后就业，你的简历不会苍白无力。

韶华匆匆，一弹指顷，用三年光阴播种不是原地等待，也不是盲目跟从碌碌无为，而是树立目标，执行计划，独立思考，果断抉择，习惯优秀，拒绝平庸！三年大学时光，愿学弟学妹们经过风雨洗礼后，稻穗金黄、稻谷满仓！

第五篇　给师弟师妹的学习建议

2011级商务英语5班　何穗明

时间过得很快，三年的大学时光很快从指缝中溜走。在这里，我以过来人的身份给师弟师妹们一些大学学习建议：

很多人说大学生活是轻松和自由的，但是理想跟现实总是相违背，大学生活过得轻松与否因人而异。其实，大学生活里没有绝对的自由，也没有绝对的轻松，师兄我不是让各位选择去当一个学霸或者一个学渣，而是懂得劳逸结合，掌握适合自己的大学学习规律。

大学生活丰富多彩，但要想自己活得精彩，一定要做到心中有数，不可茫然追求那些虚无缥缈的东西，最重要的还是多学知识，打好坚实的专业基础，广泛培养兴趣爱好，锻炼能力。所谓"凡事预则立，不预则废。"不要总是把自己当做新生，当你们经历了军训的洗礼，你们就是一名正式的大学生了，你们应该明确自己的职业规划、自己今后要走的路。

一个明确的学习目标会让你们大学三年过得从容很多。师兄建议你们找辅导员或者任课老师，跟他们讲一下你的想法，为自己制定好学习目标。请记住，在你们迷惘时要多跟老师交谈，他们是你迷惘无助时的指路明灯。

你们可以做自己喜欢做的事情，但前提是不要挂科。大学里会有很多活动或者社团让大家去参与体验，但前提是要保证自己的学业质量，毕竟大学还是一个学习知识、锻炼能力的地方，而不是一个度假胜地。最好是你的兴趣有利于你今后的发展，无论你是否喜欢自己的专业，既然选择了就要义无反顾地学下去，不要挂科，因为找工作面试时，面试官是看重学习成果，而不是兴趣爱好。

好的生活习惯也是非常重要的，早睡早起可以让你们精神饱满，以便更好地学习和工作。不要宅在宿舍没日没夜地打游戏、看韩剧，你们正处青春年华，应该多进行阳光运动，积极参加集体活动。记住，我们不是花钱来摧残身体的，也不是在大学宿舍里买个床位睡觉的，而是为学习而来，为未来干事业而做准备的。

希望你们能在迈入岭南学院的校门后尽快了解自己的所长所短，在可能的范围内找到自己演绎风采的舞台，尽情释放自己的青春活力。祝福你们，成功是属于有准备的人的，加油吧！

第六篇　对师弟师妹的学习建议
2011级工程造价2班　黎嘉洁

亲爱的师弟师妹们：

　　大家好！我是你们的师姐黎嘉洁。现在工作于威宁谢咨询珠海横琴有限公司，能把大学的专业知识用于工作、用于实践是件很棒的事情，不浪费青春不浪费大学三年的时光。在这里跟师弟师妹们分享一些个人的学习经验、生活感受，希望对你们接下来的大学生活有所激励和帮助。

　　大一学习基础课（公共课）以及初步接触专业课，大二主攻专业课，大三完成毕业设计和毕业前的实习。其实三年过得非常快，每个人的追求和选择不一样，有些人在课余会选择兼职或者参加团学活动、社团活动等，而我大学的开始就规划好了自己的三年大学时光。大一学习任务不重，我担任了班级副班长，加入了校学生会，参与学校大型活动的组织工作等，在学习的同时也拓宽了交际与视野，锻炼了自己的综合能力。然后在兼顾专科专业学习的同时报读了本科的自考课程（专升本），虽然现在社会上需要技术技能人才，但是门槛还是存在的，对于我来说专升本不仅是提高学历层次，也是多方面发展的一个途径。不过个人建议有时间和精力选择专升本这条路的就选择跟专科专业对口专业的比较好。大学就是考验自觉性的，没有老师逼着你学习，也只有你自己才知道怎样做，当然付出多少也是你自己决定的，多劳多得。大二的时候我报考了造价员，在没课的早上，个别舍友睡到快中午了，而我则早早带上书去图书馆学习，别人玩的时候我看书，要有所收获就必须要禁得住诱惑！最后我成功考取了全国造价员专业资格证。尽量不偏科、综合全方面发展。我一直遵循的原则是学的时候专心学，玩的时候尽情玩。不要死读书、读死书，要劳逸结合，注意锻炼，注意积极参加集体活动多人合作。如果说大学的遗憾那就是没有学好英语，建议师弟师妹们学好英语，学好软件，将来工作面会更广。

　　我认为最重要的一点是要喜欢自己的专业，热爱专业才有学习的动力,我是从造价员、造价师一步一步地走过来的。大学三年我的成绩排名班级第一专业前二,综合素质排名前二,曾获学校"一等奖学金"和"国家励志奖学金"。曾获得"优秀学生干部"、"优秀共青团员"、"优秀学业奖"、"毕业生标兵"称号,也获过广联达省赛的二等奖。考取了CAD证、造价员证、监理员证。这就是我的大学,有付出有回报。不拼一次,你永远不会知道自己有多优秀。只有当你有知识支撑自己的时候才会更有自信。我从来都不会自卑地认为自己是专科三B毕业的,我们比很多本科生实践能力更强,要相信自己。我现在工作的公司是大型的外资企业,公司里不缺高学历人才,但是我不自卑,只要肯学肯努力工作,就一定会不断进步。我正在造价行业建筑行业奋斗着。师弟师妹们,加油吧!你们也一定会很棒的!

第七篇 一分耕耘,一分收获

2011级创业管理2班 简钰铃

亲爱的师弟师妹:

欢迎你们来到岭南学院这个美丽的学习园地。刚踏进大学校园,既憧憬着美好的大学生活,又想着能专注在学业上,这样的纠结心理肯定深深扎根在你们的心里吧?那么作为过来人,师姐就简单给几点建议吧。

第一,要记住"态度决定一切"。无论你是渴望已久还是顺其自然地进入岭南学院,必须认真考虑的问题是"我为什么上大学?"如果你下定决心要上大学,那么就得抱着正确的态度来规划你的三年大学时光,这样你的大学生活才会精彩且充实!

第二,"一分耕耘一分收获"。虽然不是付出了就一定有收获,但是不付出不努力就一定不会有收获。这个世界是公平的,如果你把时间多用于社团活动上,或许会增强你的社交能力或者能让你获得更多的友谊;如果你把时间多用于学习上,就可能收获扎扎实实的专业技能或者继续深造(专升本)的机会。功夫不负有心人,大学的学习是不能抱有侥幸心理的。每一门课程,每一场活动,每一项竞赛,都需要一步一个脚印地完成,这样才能学到真正的东西。在学校如此,将来到社会工作更是如此。

第三,"老师是我们的良师益友"。在大学里,老师不仅传授知识给我们，还是我们的朋友。像朋友一样与我们分享他的社会经验，让我们知道更多的社会生存法则。我们要信任老师，更要把自己的真实感受告诉老师，让老师了解你，和你有更多的交流，这样才会更有利于自己后期的学习。岭南学院的老师都是和蔼可亲的，当你们遇到困惑时，我相信他们会尽力为你们排忧解难的。

　　希望以上三点建议对师弟师妹们有所帮助，好好享受属于你们的大学生活吧，加油，相信你们能够做得最好！

这个社会的竞争很激烈,但它是良性的、友好的、彼此共同进步的一种竞争。如果在这种竞争当中你还学着去谦让、收敛和谦虚,那就是一种害怕竞争的表现,害怕暴露自己薄弱的一面。

——李峻

第二章 大一探索

第一节 规划扫描

大学生活悄然而至,你准备好了吗?行动起来吧,快来制订自己的大一计划!

大一总体规划见下表。

大一总体规划

项 目	目 标
学业	1. 争取拿到_____等奖学金,_____ 2. 考取_____职业技能证书 3. 考取英语B级和计算机一级证书 4. 一周去图书馆自习_____次或借书_____次,一周看_____书 5. 其他_____
综合能力提高	1. 参加各类兼职,促进自己语言表达能力,提高专业技能,提前接触社会,为将来就业打下基础,如_____ 2. 学会为人处世的方法,注重发现和培养自己的兴趣爱好 3. 参加班级、团员、学生会干部竞聘,争取担任_____职务 4. 争取成为一名入党积极分子,完成党课学习,并积极发挥作用,服务师生 5. 参加志愿服务活动,争取完成_____工时

续上表

项目	目 标
综合能力提高	6. 尽可能多地参加学校的文体、科技、专业活动，比如_____活动
	7. 尽可能了解学校每年常规举行的各类活动，比如_____活动
	8. 其他_____
亲情、友情	1. 每周给父母打_____次电话，问候父母，告诉他们自己在学校的生活
	2. 每个月回家_____次
	3. 每个月组织或参加_____次班级集体活动或朋友聚会
	4. 在大学中找一位知心朋友，共同学习、工作、奋斗，分享大学的点点滴滴
	5. 其他_____
其他	1. 响应学校阳光工程活动，每周_____，坚持锻炼身体
	2. 学会合理花费，每周花费在_____元之内，并做好消费记录
	3. 其他_____

 心灵鸡汤

两个和尚①

在相邻的两座山上分别有两座庙，庙里分别住着两个和尚，而这两座山之间有一条溪流。因为山上没有水源，这两个和尚每天都会在同一时间到山下溪边挑水。久而久之，他们便成了朋友。

就这样，他们每天挑水，不知不觉过去了5年时间。突然有一天，左

---

① 参见佚名《两个和尚》，美文阅读大师网（http://www.xiexingcun.com/Story/08/www163164com 0130.htm）。

边山上的和尚没有下山挑水。右边山上的和尚有点纳闷了，莫非他生病了？然而，过去了半个月，左边山上的和尚还是没有下来挑水。又过了半个月，还是没有见到他。

右边山上的和尚有些不放心了，他担心他的朋友发生了什么不测——一个人几天不喝水会被渴死的。于是他决定去看望他的朋友。

等他爬上左边的山，看到他的老友之后，他大吃一惊。因为他的老友，正在庙前打太极拳，一点也不像一个月没喝水的人，而且看起来精神抖擞。他好奇地问："你已经一个月没有下山挑水了，难道你不用喝水吗？"左边这座山的和尚说："来来来，我带你去看。"

他带着右边那座山的和尚走到庙的后院，指着一口井说："五年前我就决定要在这里挖一口井。这五年来，我每天做完功课后，都会抽空挖井。有时即使很忙，能挖多少就算多少。如今，终于让我挖出水来，我就不必再下山挑水。这样我可以有更多的时间练我喜欢的太极拳了。"

心语：每个人应该晓得为明天计划和准备。左边山上的和尚由于5年前就制订了挖井取水的计划，并懂得一步步付诸行动，因此5年后他实现了不必每天下山去挑水的目标。从此，他就不用那么辛苦，还可以利用每天挑水花费的时间来做自己喜欢做的事。而右边山上的和尚则因没有长远的规划，只得日复一日费时费力下山挑水喝。从这个故事中，你应该明白，你今天的一个决定可能对十年后的生活产生很大的影响。不要贪图今天的轻松，而将生活的责任都留到将来；宁愿今天承受多一点苦和累，让明天的路走得更轻松自在。

第二节 融 入 大 学

从你背着行囊满怀憧憬来到学校报到的那一刻起，你就已经属于大学校园里的一分子，你就开始了这个要相伴三年的大学第一次亲密接触。在接下来的日子里，你要接触和了解的东西有很多，例如丰富多彩的课余活动、来自五湖四海的同学……

一、角色转换

请你填写以下表格,找出大学与中学有哪些区别。

大学与中学的区别

	中　　学	大　　学
学习方面		
日常生活方面		
老师		
学校活动		
课程		
其他		

大学第一课——我的军训生活:回顾短短两周的军训生活,深藏心中的那份感动、毅力、坚强和泪水,那烈日下坚持着的军姿,一切的一切,已经让你忽略了当时的辛苦和牢骚,留下的是永远的纪念和感动……

难忘第一次穿军装的样子。还记得军训时候的我,在_____营_____连_____排,那里有严肃地始终板着脸的_____营长,幽默又不失冷静的_____连长,还有最亲爱的_____教官。难以忘怀在军训中发生的事_____

_____

_____

_____

_____。

军训虽然辛苦,但我收获了_____

_____

_____

荣誉,感受到_____

_____

_____

_____。

二、我的大学

我的大学是_____,位于_____

____。学校的校训是_____,校歌是_____。

三、我的班级我的家

我大学的家共_____位兄弟姐妹,其中兄弟_____名,姐妹____

____名;我的辅导员是_____,联系电话是_____;

我认识的师兄/师姐是_____,联系电话是_____。

我家的宣言:_____。

四、我的宿舍

我的宿舍:_____,有_____位兄弟(姐妹)。

宿舍成员详细情况

宿舍成员	姓名	年龄	家乡	生日	性格	爱好
1						
2						
3						

续上表

宿舍成员	姓名	年龄	家乡	生日	性格	爱好
4						
5						
6						
7						
8						

宿舍宣言：（文明公约）

_____

_____

_____

_____。

听说学校有文明宿舍评比活动，每学期_____次，本学期争取获得_____次优秀称号。

五、校园信息

学校社团：我知道的学校社团有_____。

我进了_____。

参与原因：_____。

我担任的职务：_____。

参与体会：_____

_____

_____

_____。

掌握自己的命运①

有一个年轻人总是抱怨自己的生活处处充满了不如意。一天,年轻人对父亲说:"我真不知道怎样应付生活,简直要崩溃了。我觉得生活的压力已经超过我所能承受的限度,问题总是接踵而来应接不暇,内心总是被折磨得疲惫不堪!父亲,你有什么好办法解决吗?"

年轻人的父亲是一位厨师,听到儿子的话,只是让儿子和他到厨房里去。他将三个锅分别放在了炉灶上,在里面加上了一样多的水,然后把火打开。不久,锅里的水就沸腾了。父亲找来了一只胡萝卜、一个鸡蛋和一些碾碎了的咖啡豆,分别将它们放入不同的锅中煮,还是没有说话。

年轻人不明白父亲在做什么,但还是耐心地等着回答父亲解决烦恼的办法。大约20分钟后,父亲把火关了,把胡萝卜、鸡蛋分别捞出来放入不同的碗内,然后又把咖啡盛在一个杯子里。

做完这些后,他才转身问年轻人:"你看见什么了?"

"胡萝卜、鸡蛋、咖啡。"年轻人回答。

父亲让年轻人靠近些,并让他用手摸摸胡萝卜。他摸了摸,注意到它变软了。

父亲又让他尝一口咖啡。品尝到香浓的咖啡,年轻人笑了,他问父亲:"父亲,这意味着什么?"

父亲解释说,这三样东西面临同样的环境——煮沸的开水,但其反应各不相同——胡萝卜入锅之前是强壮的、结实的、毫不示弱的。但在放入开水后它变软了。再经长时间的烹煮,它最终会变成胡萝卜泥,也就是它完全被环境打败了;鸡蛋原来是易碎的,它薄薄的外壳保护着它呈液体的内脏,但是经开水一煮它的内脏变硬了,虽然它变得坚硬了但是它的性质却改变了,只能说它适应了环境;粉状咖啡豆则很独特,进入沸水后它们反而改变了水。

---

① 参见佚名《适应环境的哲理故事》,见网易博客(http://blog.163.com/jsnjdwc@126/blog/static/140130022 201022924826243/),有改动。

心语：环境可以改变某些事物，但内在更决定了品质，就如同鸡蛋在一定的温度下能够被孵出小鸡一样；然而若将鸡蛋换成石头，即便这个外力是炼钢炉，也无法孵出小鸡来。这区别仅仅在于它是鸡蛋还是石头，也就是我们所说的内力上的区别。因此，我们若想在事业上或生活上有所成就，还需要我们加强内心的修养，掌握自己的命运。

第三节 专业盘点

一、专业概况

所在（院）系的全称：_____ 院长：_____

所学专业的名称：_____ 任课教师：_____

人生导师（辅导员）：_____

专业概况：_____

_____。

我，爱我的专业，我将携着它走向人生辉煌的彼岸；我，爱我的专业，因为它改变了我的人生，让我重新起航；我，爱我的专业，因为它让我有了追求；我，爱我的专业，因为它给我的明天带来了希望！

二、行业初探

行业当今现状及未来发展趋势：

_____

_____

_____。

三、企业知悉

与专业相关的校企合作单位：

四、自我提升

（一）通过参加学生社团、社会实践提高个人素质

（二）大学期间主修课程（包括专业课和基础课）

（三）在校期间需要以及你想获得的职业技能证书

（四）毕业实习时应具备的知识和能力

（五）通过对以上几个方面的分析，制定你的大一学习目标

_____

_____

_____

_____

五、专任老师或师兄师姐访谈

了解专业的主要渠道是向专任老师或师兄师姐咨询，听听他们对该专业的详细介绍和学习感受，并将访谈所得填入下表。

专任老师或师兄师姐访谈情况表

访谈者姓名		性别		年　龄	
班级/部门		访谈时间		地　点	
联系电话		E-mail			
本专业的就业方向和前景：					
老师（师兄师姐）建议：					
访谈收获：					
本人签字：					

做适合自己的事①

一位刚过30岁的年轻人,写信给一位百岁的智慧老人,诉说自己的苦衷。他说自己从小就喜欢写作,可阴差阳错,却当了一名医生,而他对自己从事的职业一点也不感兴趣,因此也没有什么成绩。老人立刻回信说:"做适合自己的事。"这位医生接到信后,当机立断弃医从文,后来竟成了大名鼎鼎的作家,他就是日本的渡边淳一。

幽默大师威尔·罗吉斯在一个杂耍团里,不说话,光表演抛绳技术。持续了好多年后,他才发现自己在讲幽默笑话上有特殊的天分,于是,开始在耍绳表演的时候说笑话,得以成名。

玛格丽特·麦克布雷刚刚进入广播界的时候,想做一名费雯·丽式的悲剧演员,结果失败了。后来她发挥了自己的特长,做一位密苏里州来的、很平凡的乡下女孩,结果成为纽约最受欢迎的广播明星。

世界著名作家帕慕克年轻时,父母坚持让他学建筑,成为一名建筑家,因为那是"一项有声望的、值得人们尊敬的事业",但他却出乎父母意料,毅然地放弃了正在伊斯坦布尔科技大学主修的建筑学,投身文坛,选择自己喜欢的作家行业。几乎所有的亲朋好友都反对帕慕克写小说,反对的理由是"写小说养活不了自己"。但帕慕克义无反顾,开始坐在桌前,日复一日,月复一月,年复一年,不断用文字填满空白的稿纸。几年过去了,他的创作却没有取得任何成就。从23岁开始,他把自己"锁"在卧室里8年……他于1979年写出了第一部长篇小说《塞夫得州长和他的儿子们》并出版,取得了成功。自此,帕慕克的写作便走上了坦途。1985年,《白色城堡》出版,这部小说让他享誉全球,获得了诺贝尔文学奖。这一年,帕慕克54岁,成为土耳其第一位获得诺贝尔文学奖的作家。

心语:"做适合自己的事",简单而意蕴深远,发人深省。确实,人生路漫漫,诱惑众多,许多事需要我们去完成,但自己必须清楚认识到自己

---

① 参见佚名《分享做适合自己的事》,见人人网(http://blog.renren.com/share258523309/729028596),有改动。

最适合做什么，寻找到自己最适合的事去做，才会最快乐，也最容易做好。凤凰卫视著名的主持人陈鲁豫曾说过："我做事只有两个原则：一是做自己喜欢的事；二是做自己擅长的事。碰巧电视节目主持人是我既喜欢又擅长的工作。"正是由于她选择做适合自己的事，她成为家喻户晓的著名主持人。"美国曾对2000多名世界著名的科学家进行调查，发现他们中间很少有人为谋生而工作，大多数人是出于对某一领域问题的强烈兴趣，从而不计名利报酬，忘我工作。他们的成功，是与他们对事业的兴趣紧紧联系在一起的，所以，有人把兴趣比作'兴奋剂'，它能使人乐此不疲，专心致志，锲而不舍，不遗余力。"

第四节　感　知　社　会

"纸上得来终觉浅，绝知此事要躬行。""实践是检验真理的唯一标准"，书本知识学得再好，终究要接受社会的检验。赶快为自己的社会实践作一下规划吧！

一、自我盘点

回忆上大学前的社会实践经历：

_____
_____
_____
_____
_____
_____。

二、行动策略

作为一名大学生，你对当代大学生参与社会实践活动持什么看法呢？
1. 你对大学生社会实践的看法（　　　）。

A. 有必要　　　　　B. 没必要　　　　　C. 没兴趣
D. 愿意尝试　　　　E. 必须完成

2. 你参加社会实践的目的是（　　）（可多选）。
   A. 赚钱　　　　　　　　　B. 融入社会、了解社会
   C. 发现自己的不足　　　　D. 拓宽自己的交友面
   E. 学有所用

3. 你参加过哪些类型的暑期社会实践活动？（　　）。
   A. 社会服务、体验（家教、义工、文艺演出、支教等）
   B. 调查研究
   C. 参观交流
   D. 其他

4. 你对暑期社会实践的看法（　　）（可多选）。
   A. 时间太短，根本学不到什么　B. 增加一些书本以外的知识
   C. 结交新朋友　　　　　　　　D. 丰富假期生活
   E. 被迫参与　　　　　　　　　F. 学会了团队精神

5. 你觉得当前的社会实践对大学生而言有什么问题？（　　）。
   A. 实践的时间太仓促，没有办法进入自己的角色
   B. 没有太多合适的机会提供给大学生
   C. 暑期社会实践活动创新性不够
   D. 选题太空泛，可操作性不强

6. 你参加过多少次暑期社会实践？（　　）。（如果没有可不做此题）
   A. 1次　　　　　　　　　　B. 2次
   C. 3次　　　　　　　　　　D. 3次以上

7. 你对自己的社会实践或课题满意吗？（　　）。
   A. 非常满意　　　　　　　　B. 不满意
   C. 一般　　　　　　　　　　D. 不感兴趣

8. 因社会实践要求，需要与社会人士交流，这时你会感到（　　）。
   A. 非常紧张　　　B. 没有难度
   C. 有点紧张但可以克服

9. 在暑期社会实践的过程中你面临的最大困难是什么？（　　）。
   A. 无法适应自己所实践的环境
   B. 不知道自己在做什么

C. 对自己的实践根本没有兴趣

10. 如果在实践活动中,你与社会人士或其他组员发生不愉快,你会( )。

A. 当场爆发,不管其后果

B. 尽力沟通,使事情得以解决

C. 事后补救

11. 你认为暑期社会实践对你最大的帮助是( )。

A. 接触社会,锻炼自己的能力,培养社交能力

B. 丰富了暑期生活

C. 学会发现问题并解决问题

D. 提高合作的意识

E. 感受到竞争的压力

12. 你会选择以下哪种途径参与社会实践?( )。

A. 学校就业中心或勤工助学指导中心

B. 老师介绍

C. 朋友介绍

D. 亲戚介绍

E. 人才市场

F. 大众传媒

G. 自己联系

13. 通过社会实践,你预期获得怎样的收获?

_____

_____

_____

_____。

14. 你对在大学期间自主创业的看法:

_____

_____

_____。

为了梦想而坚持①

他今年26岁,很年轻,学法律出身,却对历史充满了兴趣。他是湖北人,5岁时跟爸爸到书店里逛,一本《上下五千年》的书吸引住了他,爸爸问他是不是喜欢历史?他茫然地回答:什么是历史啊?

那本书定价5.60元,而当时爸爸的月薪是30元,但爸爸还是给他买了。在随后的7年里,他把这本书看了11遍,熟稔中国的历代皇帝。由此发端,看历史书竟成了他的业余爱好,让当时痴迷电子游戏和香港录像片的同龄人惊奇不已。上中学的时候他就读了《二十四史》和《资治通鉴》,这些用文言写的史书连大学里历史系的学生都感到抓耳挠腮,但他觉得,要想写出生动的文章,必须读那些枯燥的书。因为陈独秀和鲁迅这些名教授深厚的国学根底,与他们早年的私塾教育不无关系。

但令人啼笑皆非的是,痴迷历史的他历史成绩并不好,原因很简单,他的看法和教科书上的不一样。而且他觉得,历史应该是有趣的,不是教科书式的简单的年代、人物、事件、意义的罗列,更不是各种各样不平等条约的累积。因此,写出让人们喜欢阅读的真正的历史是他的一个梦想,只不过这个梦想在强大的高考面前,只能是梦想而已!

他是家中的独子,所以,为了父母殷切的目光,他痛苦地准备高考,最后他考上了一所不知名的大学,他觉得在那所大学里,老师没有教会他什么。直到现在,他连那所学校的校名都不愿意提起。他在大学四年,完全是自学,他不谈女朋友,不去网吧玩通宵,自己一个人呆在教室里看书,看自己喜欢看的历史书!有时候到深夜了,他抬头一看,空荡荡的教室里只有他一个人,再看外面,寂静的校园里早已人迹全无。

毕业后,他参加了公务员考试,并且顺利通过。他成了顺德海关的一名公务员,参加工作六年后,他仍然保持了大学时的习惯:不抽烟,不喝酒,不交际,下班后就回到家看书。终于,他有了把梦想付诸实施的念头——重写明史!

---

① 参见刘祖光《为了梦想而坚持》,载《意林》2007年第6期。

写史书历来是历史学家的事情,而他,一个小小的公务员居然有了这个念头。他不管别人怎么看,开始动手写自己心中的历史。每天晚上,他要写4～6小时,为了保持清醒的头脑,他一天要洗几次凉水澡,洗得皮肤都过敏了,但他仍然坚持着。

为了梦想而坚持!

很快,他发在天涯上的帖子受到了追捧。他的帖子吸引了众多网友,并且拥护者和反对者产生了激烈对抗,导致了三位版主离职。他转而在新浪和搜狐上开了博客,在没有任何宣传的情况下,他的博客点击率居然很快达到了300万人次。他那通俗易懂、生动有趣的文章,吸引了小到7岁的儿童大到70岁的大学教授在内的众多"明矾"的追捧。

他就是《明朝那些事儿》的作者当年明月,这个到现在仍不愿意透露真实姓名的小公务员,依然淡泊名利,他去凤凰卫视录节目时,穿的是洗得领子都卷了的衬衫,普通的一个人,却因为对梦想的执着追求,成为中国最不普通的公务员。

心语:梦想给了他腾飞的翅膀,在庄子的《逍遥游》中,那个有着三千里长的翅膀的大鹏之所以能飞上九万里的高空,所借的是海上的飓风。而托起当年明月翅膀的风,则是他不甘于平凡生活、对理想执著追求的坚强意志。每个人都有梦想,所缺的只是将梦想付诸实施的勇气和毅力。

第五节 健 康 大 一

身体是革命的本钱,健康是快乐的源泉;有了健康,才会拥有充满快乐的大学时光。生命是根,健康是福。让我们善待生命,珍惜健康!

一、自我盘点

你对自己的健康状况了解多少?请完成以下调查问卷并找出答案。

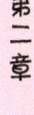

身体健康状况调查问卷

陈　　述 \ 选　项	是	不确定	否
1. 你是否抽烟			
2. 你是否经常喝酒			
3. 你很少吃蔬菜吗			
4. 你经常都吃肉吗			
5. 你喜好吃熏制、腌制食品吗			
6. 你很少吃水果吗			
7. 你经常吃甜食吗			
8. 你喜爱吃较咸的菜吗			
9. 你在每次吃饭前都有饥饿感吗			
10. 你小便是否比较频繁			
11. 你是否经常咳嗽、痰多或胸痛			
12. 你的体重是否明显超重			
13. 你的头颈是否明显比他人粗并容易出汗			
14. 你是否在不断消瘦			
15. 你是否最少早晚刷两次牙			
16. 你的指甲和眼结膜是否呈淡白色			
17. 你是否经常洗手			
18. 你是否每天大便一次			
19. 你的牙、鼻很少会出血或有乌青块			
20. 每次感冒你不服药都会好			
21. 你每天运动吗			
22. 你每天看电视不超过3个小时			
23. 你白天辛勤劳动后，晚上能快速入睡吗			
24. 你定期检查身体吗			
25. 你的生理状况正常吗			

评分标准：1～14题，选择"是"计1分，选择"不确定"计2分，选择"否"计3分；15～25题，选择"是"计3分，选择"不确定"计2分，选择"否"计1分。

结果说明：63～72分，表明你的身体健康状况很好；43～62分，表明你的身体状况一般；22～42分，表明你的身体健康状况较差。

二、确定目标与行动策略

按身体健康目标与实施措施填写下表。

项　　目	身体健康状况	目　标	实施措施
身高（cm）			
体重（kg）			
肺活量（mL）			
立定跳远（cm）			
握力（kg）			
坐立体前屈（cm）			
上跳台阶试验（级）			

你的健康达标了吗？

体重指数（BMI）=体重（kg）/[身高（m）]²			
正常	18.5～23.9	超重	24～27.9
过轻	<18.5	肥胖	>28

三、反思总结与调整修正

（一）总结自己的身体健康状况

_____
_____
_____。

（二）提高自身健康状况的方法

_____
_____
_____。

  他山之石

生活新主意

一、素食（蔬食）——健康好口福

1. 素食（蔬食）含维生素多。

维生素 C 能强化人体的免疫系统，维生素 A 能抵抗传染病，是身体皮肤、眼睛、呼吸器官、消化器官、泌尿管道等第一防线所必需的抗体，有利于调节新陈代谢，维持皮肤和肌肉的健康，增进免疫系统和神经系统的功能。

2. 素食（蔬食）含纤维质多。

纤维对人体有许多好处，正如维生素对人体的重要性一样。纤维质是人类的又一大发现，是人类走向健康膳食的又一个里程碑。

（1）有助于控制体重，不会发胖，且精力充沛。

（2）能减少消化过程中对脂肪的吸收。

（3）可以降低血液中与心脏病有密切关系的脂肪，如胆固醇、三酸甘油酯等的含量。

（4）可以降低人体对胰岛素的需要，有益于预防糖尿病及其他病患。

（5）本质粗糙，可以稀释大肠中的致癌物质，连带其他杂物，一齐排出体外，因此能预防肠癌。

（6）纤维质增加，血压就会降低。根据专家的研究发现，人群中许多所谓的"正常"老化，可以说是缩短寿命，如果多吃带纤维质的蔬食，可以预防多种致命的疾病，如心脏病、糖尿病、癌症等。许多僧人长寿就是很好的例证。

3. 减少肉食能够减少温室气体的排放。

2008 年，罗伯特·古德兰（Robert Goodland）因对环保的突出贡献而获得世界自然保护联盟（IUCN）授予的一级柯立芝勋章。他在《世界观察》杂志（11 月/12 月刊）中刊登题为"牲畜和气候变化"的报告，指出联合国粮农组织在早先的报告《牲畜的巨大阴影：环境问题与选择》中估计的每年有 75.16 亿吨二氧化碳当量的温室气体是由牛、羊、骆驼、马、猪和家禽排放的，占全球二氧化碳总排放量的 18%，是有误的。有分析表明：牲畜和它们的副产品实际上至少排放了 325.64 亿吨二氧化碳当

量的温室气体,占世界总排放的51%。

二、低碳一族,开创新生活

"低碳生活"(Low-carbon Life),就是指生活作息时所耗用的能量要尽力减少,从而减低碳,特别是二氧化碳的排放量,因此减少对大气的污染,减缓生态恶化,主要是从节电、节气和回收三个环节来改变生活细节。

养成低碳生活习惯有如下方式。

(1) 每天的淘米水可以用来洗手、擦家具、浇花等。干净卫生,自然滋润。

(2) 尽量手洗衣物,既可节约水电,又可将洗完衣物的水用来拖地和冲厕所,达到水资源的最大限度利用的目的。

(3) 将废旧报纸铺垫在衣橱的最底层,不仅可以吸潮,还能吸收衣柜中的异味。

(4) 喝过的茶叶渣,把它晒干,做一个茶叶枕头,既舒适,又能帮助改善睡眠。

(5) 出门购物,尽量自己带环保袋,无论是免费或者收费的塑料袋,都减少使用。

(6) 出门自带喝水杯,减少使用一次性杯子。

(7) 多用永久性的筷子、饭盒,尽量避免使用一次性餐具。

(8) 养成随手关闭电器电源的习惯,避免用电浪费。

(9) 夏天使用空调时,尽量将温度调到26摄氏度以上,避免因过度制冷浪费电能。

(10) 一旦不用电脑、电灯、空调,随手关掉;手机一旦充电完成,立即拔掉充电插头。

(11) 选择晾晒衣物,避免使用滚筒式干衣机。

(12) 在附近公园等适合跑步的空气清新的地方慢跑,取代在跑步机上的45分钟锻炼。

(13) 用节能灯替换60瓦的灯泡。

(14) 不开汽车,改骑自行车或步行。

(15) 在使用电脑时,尽量使用低亮度,开启少些程序等,这样可以省电。

(16) 如果可以,尽量少看电视。建议多看书,既可节电,也可增长知识。

经过手工DIY的再创造，你会发现原来废物也是宝，这样的生活环境健康且充满了创意的小欢乐。"低碳一族"正以自己生活细节的改变证明：气候变化已经不再只是环保主义者、政府官员和专家学者关心的问题，而是与我们每个人息息相关。在健康生活已成潮流的今天，"低碳生活"不再只是一种理想，更是一种值得期待的新的生活方式。

第六节 爱在大一

世界上最伟大的情感是爱，爱国、爱校、爱家人、爱朋友、爱身边的一切。作为大一新生，想拥有美好且充满爱的大学生活，就应该爱你的大一，爱大一的你，让自己被爱包围。合理看待身边的亲情、友情、爱情，你将拥有美丽的大一！

一、自我盘点

我对亲情、友情、爱情要有如下认识。

（1）远离家乡，你是否思念曾经朝夕相处的父母亲和兄弟姐妹？

（2）在宿舍第一晚和几个刚刚相识的同龄人共处一室，心中是否感到忐忑不安？

（3）来到大学后多久给家里打第一个电话呢？在电话里你哭了吗？

（4）每天没有妈妈的唠叨，没有爸爸的接送，没有家里热腾腾丰盛的晚餐，是否怀念那个曾经为了自由想离开的家？

（5）阔别了从小生活的城市，没有了熟悉的朋友，面对着一副副陌生的面孔，你心里兴奋吗？

（6）你是否时常觉得宿舍里每个人的生活习惯都不一样？你能否和室友互相谦让，营造和谐的宿舍氛围呢？

（7）室友生病的时候，你会帮忙照顾他/她吗？

（8）你怎样定义住在你上/下/隔壁铺的兄弟或姐妹？

（9）你是否疑惑大学友情的真实性？而你又是怎样去实践自己的大学友情的？

（10）下了课，你是怎么找到新朋友一起度过课余时间的？在此阶段，有没有建立起很好的友谊呢？

（11）在大学自由的环境，校园里到处都可以看见牵着手散步的情侣，独自行走的你是否感觉孤单？

（12）你是否对大学的爱情到底是因为真正的喜欢还是用来填补寂寞有疑惑？

（13）在你心里大学的爱情是什么样子的？

二、确定目标

（一）改进与亲人的关系

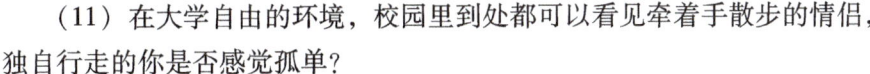

（二）设定朋友的标准

交几个真心实意的朋友，在你遭受失败、挫折考验的时候，他们能在你身边鼓励你，帮助你，安慰你；懂得真心对待，不欺骗，不辱骂，不做任何对不起朋友的事。在大学的时光里，你能骄傲地说："谢谢你们，这三年来，我们用心倾诉，我们彼此帮助对方，关心对方，我们永远是好朋友。友谊天长地久。"

（三）我的爱情观

三、行动策略

给父母写一封信吧!写之前请听歌曲《父亲》、《母亲》。

亲爱的老爸老妈:
你们好!

四、融入团队

在感受爱的大一,除了亲情带给我们的温暖和美好外,大学的友情更是难能可贵,它不仅仅是陪伴你大学生活的美好风景,更重要的是,它让你学会宽容、学会付出、学会团结。大学的友情不再仅仅是个人与个人情感的交流,而是团队的协作带给你更多的成就感,它也将成为你今后走向社会的宝贵财富。

趣味测试:你在人际交往中的弱点

如果你和朋友共事,当你们有不同意见时,你会?(请选择其中一个选项)(　　)。

A. 坚持己见
B. 希望再和对方多沟通
C. 不想跟对方争,即使自己是对的,也不去坚持
D. 请第三者来评理

选项分析：

（1）选A"坚持己见"。你是一个很有主见，对自己很有信心的人。但是，可能是太有自信，似乎可能成为自大主观、自我意识太强烈、不站在别人立场设想的自大狂。人与人共事，最重要的是合作关系的和谐，这种团队精神是促进人际关系的催化剂。因为，这件事是需要大家的力量合作才能完成的，如果都听你一个人的，那就根本不需要一个团体来合作了。所以，你的自信可能是你成功的条件和本钱，但也很可能是你的人际关系的致命伤。最好多听听别人的意见，就算要坚持己见，也要通过沟通让人心服口服。

（2）选B"希望再和对方多沟通"。你有这种沟通的习惯和观念，表示你很适合团体工作，你的人际关系也会因你的这种合群观念而拓展顺利。不过，虽然沟通是好事，但绝不要为了搞好人际关系而去沟通。因为这样一来，你会给他人爱表现、底子空洞的感觉。更不要因为要讨好同事而委曲自己的本意。如此一来，你的主见和个性就会荡然无存，埋没在一个团体之中，既不起眼，也不受尊重。这应该不是你所想要的吧。

（3）选C"不想跟对方争，即使自己是对的，也不去坚持"。你这种放弃自己主见和权益的做法，会让他人觉得你根本不重视这个工作，也不尊重团体中的参与。你的心态可能是怕和别人形成一种对立状态，你本身又不善于处理这种敌我关系，所以你选择退缩让步来逃避这种敌我关系。事实上，你为成全良好的人际关系而做出让步，这种做法不但不会让你得到预期的效果，反而会因此得罪许多想做事的人，这是你所想不到的吧。

（4）选D"请第三者来评理"。以第三者的角度来评断，可以说是比较客观、不涉及个人主观意识之争的好方法，而且也可避免对立的两方直接面对面地对抗，产生敌对的局面。如果你选择这种方式来说服对方，可以想见你是一个很有智能，而且是很有度量的人。这样因为你淡化个人主观意识，让人觉得你不是一个很自大、很专制的人，这种做法不仅有利于团体协作，也会相对提升你的公信度，将来就不会有人针对你作个人的批判了。

500强公司的团队协作能力测试题

你开着一辆车。

在一个暴风雨的晚上。

你经过一个车站。

有3个人正在等公共汽车。

一个是快要死的老人，好可怜的。

一个是医生，他曾救过你的命，是大恩人，你做梦都想报答他。

还有一个女人/男人，她/他是那种你做梦都想嫁/娶的人，也许错过就没有了。

但你的车只能坐一个人，你的选择是_____，

理由是_____。

结果：在200个应征者中，只有一个人被雇佣了，他并没有解释他的理由，他只是说了以下的话："给医生车钥匙，让他带着老人去医院，而我则留下来陪我的梦中情人一起等公共汽车！"

五、情感管理反思

请对自己的情感管理进行反思。

_____
_____
_____
_____
_____
_____。

骑着电瓶车绑着妈妈一起上班①

每到周末,从磐安县城到当地冷水镇的30多公里的道路上,都会看到一辆奇怪的电动车。骑车的是一名戴眼镜的青年,他身后坐着一位头发花白的老妇。两人紧紧挨着,一根又粗又长的布带将他们拴在一起,最后在青年腰间打了一个蝴蝶结。这是一对母子。儿子叫陈斌强,36岁,冷水镇中心学校初中语文教师,他身后60岁的老母亲患了严重的老年痴呆症,为了照顾她,家住县城的陈斌强每周去上班时,都会将母亲带上,平时住在学校宿舍,到了周末,又带回县城。这样的日子,他已经度过了5年。5年间,妻子曾经劝说陈斌强,将母亲送到养老院去,但他只说了一句话:"我舍不得。"陈斌强向妻子解释说,一来养老院肯定没自己照顾得细心,二来中等养老院每个月要1800元左右,请个保姆每月更是要花费至少2500元,家里根本负担不起——陈斌强每月工资大约3000元,而妻子只有1400元。曾有人向他们表达捐助的意愿,但陈斌强的妻子说:"不用的,我们的情况还不算太糟。"由于母亲睡觉很不安稳,又常做出破坏的行为,陈斌强只好狠狠心,和母亲分开居住。好在学校领导体谅他的难处,给老人安排了一间单独的房间,里面除了一张床外,一个马桶,几乎没有什么陈设。但陈斌强丝毫没有疏忽对母亲的照顾。他的一天是从凌晨1点开始的——叫醒母亲,上一次厕所;5点半,再次上厕所;6点,陪学生早读;7点左右,给妈妈喂早饭、梳头……几乎每个课间,陈斌强都会赶回宿舍,看看老人。到了傍晚,他还要陪母亲散步,然后自己去晚自修,一直到晚上10点,服侍老人躺下睡觉。由于母亲大小便失禁,洗裤子洗床单对陈斌强来说是常事,有时天气不好,陈斌强只能将床单放在电热器上烤烤,结果一进教室,学生们都说,老师身上有股怪怪的味道。考虑到陈斌强的特殊情况,学校给他设立了特别考核,但他在教学上并没有懈怠,他教的两个班,语文成绩已经多年蝉联当地联考的第一名。周五,陈斌强结束了一周的工作,又绑好妈妈,骑上电动车,回到县城的家。家里的困难,陈斌强都记在心里,每个周末,他都抢着做家务,收拾东西、

---

① 参见傅颖杰《骑着电瓶车绑着妈妈一起上班》,载《钱江晚报》2012年9月7日。

做饭、洗衣服……因为要照顾妈妈,这么多年来,一家三口从来没有去过旅游。好在7岁的儿子很懂事,只有看到陈斌强回来了,才会撒撒娇,嚷嚷着要爸爸喂饭。这个时候,陈斌强一定会满足儿子的愿望,对于他来说,这是最幸福的时刻。

心语: 父母总有老去的一天,需要我们的照顾和看护,秉承一颗感恩之心,孝敬并赡养我们的父母。请用心阅读这样一段话:"孩子!当你还很小的时候,我花了很多时间,教你慢慢用汤匙、用筷子吃东西,教你系鞋带、扣扣子、溜滑梯,教你穿衣服、梳头发、擤鼻涕。这些和你在一起的点点滴滴,是多么的令我怀念不已。所以,当我想不起来、接不上话时,请给我一点时间,等我一下,让我再想一想……极可能最后连要说什么我也一并忘记。孩子!你忘记我们练习了好几百回,才学会的第一首娃娃歌吗?是否还记得每天总让我绞尽脑汁,去回答不知道你从哪里冒出来的问题吗?所以,当我重复又重复说着老掉牙的故事,哼着我孩提时代的儿歌时,请体谅我。让我继续沉醉在这些回忆中吧!期望你,也能陪着我闲话家常吧!孩子,现在我常忘了扣扣子、系鞋带;吃饭时,会弄脏衣服;梳头发时手还会不停地抖。不要催促我,要对我多一点耐心和温柔,只要有你在一起,就会有很多的温暖涌上心头。孩子!如今,我的脚站也站不稳,走也走不动。所以,请你紧紧地握着我的手,陪着我,慢慢的。就像当年一样,我带着你一步一步地走。"①

第七节 时间管理

时间是什么?

庄子说:"人生天地之间,如白驹过隙,忽然而已。"时间就好像细沙,你的手握得多紧,它都会流走,你只有想尽办法珍惜它,尽量合理地使用它。

---

① 参见佚名《孩子当我变老的时候》,见豆丁网(http://www.docin.com/p-542288704.html),有改动。

一、自我盘点

问问自己（只用于个人反思，不需填写）：

（1）我的一天是怎样度过的？

（2）这一天里我做了多少有意义的事，而有多少事是没必要或浪费时间的？

（3）我是有意识地去管理或安排我的时间吗？

同学们可以做一个关于时间管理的小测试[①]。

下面有15道题，每道题都有5个备选答案（A. 非常不同意，B. 不同意，C. 一般，D. 同意，E. 非常同意），请根据自己的实际情况或想法进行选择，每道题只能选择一个答案。通过测验，你可以大致了解自己的时间管理倾向。

序号	问题	选择
1	每天处理的任务都具有很高的优先级别	
2	经常到最后时刻才能完成任务，或者还提出需要获得延期	
3	留出做计划以及做预先时间安排的时间段	
4	清楚你完成各种不同任务所需要花费的时间	
5	经常在完成某个任务时被打断，而需要处理其他事宜	
6	使用目标设定的方法来决定哪些任务与活动必须完成	
7	在预计时间的时候预留一些余量，以备不时之需	
8	清楚你正在处理的任务的优先级别	
9	被赋予一个新的任务时，会评估该项任务的重要性与紧急程度	
10	对于任务的最后期限与对任务的承诺会感到厌烦	
11	经常会在完成重要任务的时候分心，或被分散注意力	
12	必须将工作带回家才能完成	
13	有意识地区分你的"任务清单"或者"行动计划表"	
14	能主动与上级就被分配任务的优先级别进行沟通	
15	接受一个新任务时，会预测该任务的结果并判断是否值得投入时间	

---

① 参见佚名《自我时间管理倾向测试题》，见百度文库（http://wenku.baidu.com/view/8a3cc91fa8114431b90dd833.html.）。

（一）计算得分

序号	A. 非常不同意	B. 不同意	C. 一般	D. 同意	E. 非常同意	你的得分
1	1	2	3	4	5	
2	5	4	3	2	1	
3	1	2	3	4	5	
4	1	2	3	4	5	
5	5	4	3	2	1	
6	1	2	3	4	5	
7	1	2	3	4	5	
8	1	2	3	4	5	
9	1	2	3	4	5	
10	5	4	3	2	1	
11	5	4	3	2	1	
12	5	4	3	2	1	
13	1	2	3	4	5	
14	1	2	3	4	5	
15	1	2	3	4	5	

你的综合得分 = _____。

（二）分数解释

分　数	说　明
46～75	你能够非常有效地管理你的时间。同时，我们建议你阅读以下内容来检查你是否仍有一些可以改善提高的部分

续上表

分　数	说　明
31～45	你能够在时间管理的某些部分体现你的优势，但是，你仍然需要在其他部分加以改进。请关注以下重点部分，通过你的努力，相信你能够极大地提高你的抗压能力
15～30	好消息是，你可以有一个很好的机会改善你的工作效率，并达成你的长期目标。但是，我们必须提醒你，为了取得职业的成功，你必须彻底地改进你时间管理的技能

当你完成了以上问题，你可能也能发现你时间管理的哪些方面需要进行改善了。以下部分为你提供了时间管理各个主要方面的小结，你可以通过你在这些方面的得分加以对照，这样，你就可以了解自己在时间管理方面的"自然倾向"。

（三）分类得分

得分	题号	总分	因素	说　明
	6，10，14，15	20	目标	高效的时间管理，首先必须设定目标。只有当你明确了前进的方向，你才能了解应该做什么，按照什么顺序去做。离开了恰当的目标设定这一步骤，你往往会把你的时间浪费在混乱以及互相冲突的事件之中
	1，4，8，9，13，14，15	35	区分主次	区分我们做事的主次是一个相当重要的技能。离开了这个技能，你可能会工作得非常辛苦，但是所得甚少，因为你所努力的对象可能并不是正确的
	5，9，11，12	20	管理干扰	有了一个做事计划，也了解了区分任务的主次，下一步就是管理你每天可能面临的干扰。你可能发觉你每天能够自我独立支配的时间很少。电话、询问、会议、不期而至的问题等等，都占据了你每天大部分的时间。其中有一些的确需要被及时处理，但是另外有一些干扰需要被妥善地管理

续上表

得分	题号	总分	因素	说　　明
	2，10，12	15	拖延	"我待会再做吧",这句话经常把一些富有潜力的员工给淹没了。一次一次的"我待会再做吧",积累的任务会把你给压垮了,也会把你的领导对你的信赖给压没了。"拖延"是一种习惯,打败"拖延"的最佳方式首先是认识到你在拖延
	3，7，12	15	计划	时间管理的大部分工作最后都会落实到如何有效地进行工作计划。当你已经进行了目标的设定并进行了任务主次的区分,接下来的任务就是能够制订出一个时间计划能够跟踪这些任务,同时也确保你远离工作压力。制订一个现实并且强健的完成任务的时间计划,能够帮助你控制你的时间,也能平衡你的工作与生活

二、确定目标

我想怎样合理利用自己的时间,我希望通过三年大学生活达到什么样的目标?

_____

_____

_____

_____

_____

做一份日常行动时间安排表。

时　　间	行　动　计　划
6:30～7:30	
7:30～8:05	
8:05～9:55	

续上表

时　　间	行　动　计　划
9：55～10：15	
10：15～11：50	
11：50～13：50	
13：50～15：25	
15：25～15：45	
15：45～17：25	
17：25～18：30	
18：30～20：00	
20：00～21：30	
21：30～22：30	
22：30～23：00	

不要只着眼于一天的安排，我们应该制订一个一周时间运筹表，以一周时间为横坐标，以时间（小时）为纵坐标，标记上午、中午、下午、晚上以及备注和总结，在一周里进行认真记录，并对每天的时间利用进行总结，当一周的记录结束后，再进行周总结，以此制订一个适合自己的目标计划。

时间	星期一	星期二	星期三	星期四	星期五	星期六	星期日
上午							
中午							
下午							
晚上							
总结							
备注							

注：此表每周自己更新。

三、行动策略

根据实际情况合理分配每一天的时间,不同时间段对工作要作出不同的安排,才能以最高的效率实现目标计划。

(1) 精力高峰时,集中精力于_____。

(2) 精力集中时,可以专注于_____。

(3) 低效率时,可以处理_____。

事件优先管理法(四象限理论)

	紧急	不紧急
重要	第一象征(碎石型) 突发的重要事情: 紧急通知的重要会议,重要客人突然造访——无法预料,但必须重视的!	第二象征(石块型) 涉及目标、关乎自身发展的事情: 重要考试、听课、听讲座、重要活动等——未雨绸缪、重要的!
不重要	第三象征(细沙型) 突发的不重要事情: 不速之客的拜访、电话、短信;同学生日聚会;车站等人;排队等——被动、无奈的!	第四象征(水型) 可做可不做的杂事: 闲逛、打游戏、看无聊的电视剧、闲聊、吵架等——主动、多余的!

四、压力管理

当我们满怀期待和憧憬步入大学时,突然发现我们适应不了大学的自主的学习氛围,生活上的陌生,情感上的朦胧,这都会让我们产生迷茫和困惑,无形中给我们带来巨大的压力,这时,已经长大的我们,要开始学着独立、思考、舒缓压力、解决问题,适应大学生活。

给大一新生的25条建议:

(1) 从大学的第一天开始,你就必须从被动转向主动,你必须成为自己未来的主人,你必须积极地管理自己的学业和将来的事业,理由很简单:因为没有人比你更在乎你自己的工作与生活。"让大学生活对自己有价值"是你的责任。

（2）想把每件事都做到最好是不切实际的。建议大家把"必须做的事"和"尽量做的事"分开。必须做的事要做到最好，但尽量做的事尽力而为即可。用良好的态度和宽广的胸怀接受那些你暂时不能改变的事情，多关注那些你能够改变的事情。

（3）生活中有些事情即便不感兴趣也是必须要做的。例如，打好基础，学好数学、英语和计算机就是这一类必须做的事情。如果你对数学、英语和计算机有兴趣，那你是幸运儿，可以享受学习的乐趣；但就算你没有兴趣，你也必须把这些基础打好。打基础是苦功夫，不愿吃苦是不能修成正果的。

（4）在你还没有足够的能力赚钱养活自己之前，为了你的家人和你自己的前途，别乱花钱。

（5）培养真正的友情。大学时的很多朋友会成为你一辈子的知己，也很可能是你将来的重要人脉，他们能够帮助你。但是，你也应该让自己有能够帮助他们的实力，所以，你要努力并且结交每一个值得结交的朋友。

（6）谈恋爱可以教你如何照顾别人，增强自控力，但恋爱这件事要随缘，不必为了谈恋爱而谈恋爱。

（7）很多事情并不重要，不管你当时多么生气，告诉自己要淡定，无论现在在你看来多大的伤害，都会被时间带走。相信时间可以冲淡很多东西。

（8）好好利用在公共场合说话的机会，展示或者锻炼。别怕丢人，那是一种成功的尝试，不要笑话那些上台"丢人"的人。

（9）很多事情别人帮助了你，要说"谢谢"，那个帮你的人心里会感到很温暖，因为没有人有义务帮助你。

（10）早上6点起床跑步、读书、吃早餐，而不是8点起床飞奔去上课，否则你这一天的感觉会完全不一样。

（11）经常给家里打电话，长辈们都会很高兴的。跟老人聊天要有耐心。

（12）如果你三年内很少去图书馆，那么你就等于自己浪费了一大笔财富。也许有一本书会改变你的一生。

（13）偶尔消遣可以，但千万别过度迷恋游戏，尤其是大型网络游戏。

（14）如果把上课不睡觉当做一种锻炼并且你做到了，那么你将会很强大。

（15）你的确要学会有心计，但请永远记住，获得长远胜利的唯一的方法只有实力。

（16）面对所谓不公平的黑暗的东西，与其抱怨，不如去努力奋斗，争取你自己最合适的公平。如果你没有能力改变他们，就得学会接受。

（17）永远不要嘲笑你的教师单调，不要当着老师的面睡觉，因为总有一天现实会让你为这种愚蠢付出代价（常表现为期末挂科甚至重修）。

（18）英语一定要学好。21世纪里最重要的沟通工具就是英语。有些同学在大学里只为了考过B级、四级、六级而学习英语，或者仅仅把英语当做一种求职必备的技能来学习，甚至还有人认为学习和使用英语等于崇洋媚外。其实，学习英语的根本目的是为了掌握一种重要的学习和沟通工具。在未来的几十年里，世界上最全面的新闻内容，最先进的思想和最高深的技术，以及大多数知识分子间的交流都将用英语进行。因此，除非你甘心做一个与国际脱轨的人，英语学习是至关重要的。

（19）身体是革命的本钱。一定要抽时间出来锻炼身体的，不要天天宅，睡懒觉和打游戏不如出去跑跑步、打打球。

（20）千招会，不如一招熟。十个百分之十并不是百分之百，而是零。如果你有十项工作每项都会做百分之十，那么，四年之后，在用人单位眼中，你什么都不会。所以，你必须要让自己具备核心竞争力。"通才"只有在"专才"的基础上才有意义。

（21）至少参加一个社团，培养自己的业余兴趣，拓宽交朋友的渠道，因为你永远不会知道你的兴趣将来是否有可能会成为你的职业。

（22）不要太在意别人的眼光。杨绛先生说过："我们曾如此渴望命运的波澜，到最后才发现：人生最曼妙的风景，竟是内心的淡定与从容；我们曾如此期盼外界的认可，到最后才知道：世界是自己的，与他人毫无关系！"

（23）在大学中，转系可能并不容易，所以，大家首先应尽力试着把本专业读好，并在学习过程中逐渐培养自己对本专业的兴趣。一个专业里可能有很多不同的领域，也许你对专业里的某一个领域会有兴趣。现在，有很多专业发展了交叉学科，两个专业的结合往往是新的增长点。因此，只要多接触、多尝试，你也许就会找到自己真正感兴趣的方向。

（24）这是人生最美好的三年，如果你没有珍惜大学这三年，你一定会抱憾终生。

（25）最后，献给所有为梦想努力奋斗的人们，无论这个世界对你怎样，都请你一如既往的努力、勇敢、充满希望。因为你永远不知道未来的你会有多强大。

五、反思总结

（1）我有没有按时间安排完成我的计划？

_____。

（2）我有没有确定事情的优先顺序，做到集中时间提高效率？

_____。

（3）我及时解决了哪些问题？

_____。

（4）我承受挫折、抵抗压力的能力够强吗？

_____。

六、调整修改

我要怎样合理地安排时间才能提高学习工作效率？

_____
_____
_____
_____
_____。

我要如何锻炼才能增强自我抗压能力？

_____
_____
_____。

虚度的日子①

一位富翁买了一幢豪华的别墅。从他住进去的那天起,每天下班回来,他总看见有个人从他的花园里扛走一只箱子,装上卡车拉走。

他来不及叫喊,那人就走了。这一天他决定开车去追。那辆卡车走得很慢,最后停在城郊的峡谷旁。

陌生人把箱子卸下来扔进了山谷。富豪下车后,发现山谷里已经堆满了箱子,规格式样都差不多。

他走过去问:"刚才我看见你从我家扛走一只箱子,箱子里装的是什么?这一堆箱子又是干什么用的?"

那人打量了他一番,微微一笑说:"你家还有许多箱子要运走,你不知道?这些箱子都是你虚度的日子。"

"什么日子?"

"你虚度的日子。"

"我虚度的日子?"

"对。你白白浪费掉的时光、虚度的年华。你朝夕盼望美好的时光,但美好时光到来后,你又干了些什么呢?你过来瞧,它们都完美无缺,根本没有用,不过现在……"

富豪走过来,顺手打开了一只箱子。箱子里有一条暮秋时节的道路。他的未婚妻踏着落叶慢慢走着。

他打开第二只箱子,里面是一间病房。他的弟弟躺在病床上等他回去。

他打开第三只箱子,原来是他那幢老房子。他那条忠实的狗卧在栅栏门口眼巴巴地望着门外,已经等了他两年,骨瘦如柴。富豪感到心口绞痛起来。陌生人像审判官一样,一动不动地站在一旁。富豪痛苦地说:"先生,请您让我取回这三只箱子,我求求您。我有钱,您要多少都行。"

陌生人做了个表示"根本不可能"的手势,意思是说:"太迟了,已

---

① 参见佚名《谁扛走了富翁的"箱子"》,见百度文库(http://wenku.baidu.com/view/6252c82abd64783e09122bf6.html)。

经无法挽回。"说罢，那人和箱子一起消失了。

心语：时间会在不知不觉的时候溜走，而当你觉醒时已经晚了。所以，你要善于利用每一天的时间，提高人生的效率和质量。时间弥足珍贵，我们不能绝对地延长寿命，但可以通过善用时间的好习惯来相对地将生命延长。这样就等于增加了生活的"密度"，扩充了有限生命的内涵。

第八节　快　乐　大　一

步入大一，你开始感受大学的点点滴滴，在这里，你能感受到有别于高中的丰富多彩的校园文化生活，你会接触来自五湖四海的朋友，你能徜徉于浩瀚的书海……请用心体验大学生活，适应它并享受其中，相信你将拥有充实、快乐的大一。

在生活中，我们每天扮演着不同的角色，生活忙碌，甚至有时候我们会遗忘忙碌的目的，会让我们产生疑惑，哪一个角色是我们主要承担的，只有理清你所承担的主要角色，才能卸下繁重的包袱，在大一的生活中寻找充实和成就。

一、生活角色

（一）明确角色

（1）写出你扮演的最重要的三个角色。

_____

_____

_____。

（2）如果让你在你的重要角色中丢掉两个角色，你会丢掉哪两个？为什么？

_____

_____。

（3）丢掉角色后，你的心情如何？
　　_____
　　_____
　　_____。

（4）哪一个角色你丢不掉？为什么？
　　_____
　　_____
　　_____。

（5）你扮演的最称职的角色是什么？
　　_____
　　_____
　　_____。

（6）你认为大学生最应该扮演的角色是什么？
　　_____
　　_____
　　_____。

（二）确定目标
你想要过什么样的生活？
　　_____
　　_____
　　_____
　　_____。

（三）行动策略
你想要过上你要的生活，你应该如何付诸努力？

（四）反思总结

你是否能协调好你在生活中的各种角色？你的缺点有哪些？你的优点有哪些？

（五）调整修正

在以后的生活中，你怎样协调好扮演的各种角色？

二、理财小计划

根据自己的实际情况填写下面的理财收入明细表。

收入来源	金额（元）	所占收入比重（%）	是否为固定收入	备　　注
父母给予				
亲友给予				
兼职				
贷款				
生活补助				
奖学金				
助学金				
其他				
最大的支出				

（一）自我定位

通过理财收入明细表，认真分析自己的经济情况，写出你认为什么是合理的大学生消费观。

_____
_____
_____。

（二）确定目标

你认为自己大学三年能够通过自己的努力获取多少合法收入（包括奖、助学金在内），每项金额初步设想为多少？

_____
_____
_____
_____
_____。

（三）行动策略

如何规划你的支出？

根据自己的实际情况填写下面的理财支出明细表：

支出项目	金额（元）	所占支出比重（%）	是否为固定支出	是否合理	最新规划
伙食费					
书本、文具费					
服装费					
交通通讯费					
交际费用					
上网费					
其他					

（四）反思总结

你的理财能力是否提高？

理财小盘点

开销最大的项目	经费开支	不必要的开支	新想法

（五）调整修正

结合上面的分析，对自己的理财能力进行概括。

_____
_____
_____
_____。

王其善的故事①

直到16岁,他仍是懵懵懂懂地在学校混日子,打架斗殴,抽烟逃学,十足的坏学生,连教师都有些怕他,他从没觉得这有什么不好。16岁,正是情窦初开的年龄,那年他喜欢上班里的一个女同学。他给她写了一封情书,她鄙视地看了他一眼,竟然把他的情书贴到了学校的宣传栏里。虽然他的检讨书在宣传栏贴过不下20次,但这一次,不知为什么他感到一种刺心的痛。第二年,他就转学了,在后来的那两年的时间里,他像变了个人似的,拼命地学习,竟然考上了湖南大学。

22岁,他大学毕业,顺顺利利地进了政府机关。每天一杯茶一张报纸地在机关混日子,他觉得这日子过得也不错。有一回,他到乡下去访亲。亲友竟然把一头狼像狗一样的养在家里看家护院。他惊问其故,亲友告之,这狼自幼就与狗一同驯养,久而久之,这狼连长相都有些像狗,更别提狼性了。他当时看着那狼,想想自己,顿时有些心惊。没多久,他就在别人的惋惜声中辞职了,去了深圳。他专找那些有名的外资公司去求职,而且他总能想方设法直接地向外方经理面送自荐信。搞得那些外方经理一个个都莫名其妙地回应:"我们现在没有招聘需要啊!"他微笑着告诉对方:"总有一天你们会需要招聘的,真到那时,那么我就是第一个应聘的人。"还真别说,他真的被其中一家公司录用了。那一年,他24岁。

27岁,他因为成绩突出,被调到地处丹佛的美国总部。上班的第一天,他按国人的习惯请美国的新同事共进午餐,然而,就在他准备买单的时候,同事们却一个个不合情理地坚持自己买自己的单,他当时觉得很是尴尬,但同时也明白到了些什么,于是更加努力地工作。这是一个人的真实经历,他叫王其善,现在是位于美国丹佛市的全球第四大电脑公司的技术总监。他告诉我们:16岁时的经历让我明白,一个人要想被他人接受,并且被他人尊重,首先得自己尊重自己;22岁我开始明白,狼之所以失

---

① 参见佚名《王其善的故事》,见网易微博(http://zhoupenglanse.blog.163.com/blog/static/2224413020074 2685042784/)。

去狼性，是因为它没有学会自立；24岁我知道，要想求职成功，首先自己要自信；而27岁在美国上班的第一天，我知道了美国人为什么要实行AA制：因为每个人都不能指望别人会为自己的人生买单，要想获得成功，你就得自己努力，根本就不能指望别人，这就叫自强。

第九节　从理论到实践

一、确定目标

（1）根据自己的专业和特长，你希望自己人生的第一份工作是怎样的？

_____
_____
_____
_____
_____。

（2）如何去准备面试自己人生的第一份工作（对这份工作有何感想）？

_____
_____
_____
_____
_____。

二、行动策略

具体实施步骤。

（1）_____

_____

(2) _____

_____。

(3) _____

_____。

行动中遇到的问题分析。

(1) 是否和你想象的工作一致。（   ）

(2) 是否和你所学的专业一致。（   ）

(3) 是否在工作中得到领导、同事的支持。（   ）

(4) 是否全身心投入到工作中。（   ）

(5) 当在工作中同事提出意见，你是否虚心接受。（   ）

(6) 当在工作中遇到阻碍，你是否有放弃的念头。（   ）

(7) 当你埋头苦干，并且做出一定的成绩时，领导对你没有半点赞许，你是否觉得纳闷。（   ）

(8) 在工作中，你的思想是否已经转变。（   ）

三、反思总结与调整修正

实习总结	收　获	不　足
1		
2		
3		
4		

应　　聘①

有位年轻人去微软公司应聘,而该公司并没有刊登过招聘广告。见总经理疑惑不解,年轻人用不太娴熟的英语解释说自己是碰巧路过这里,就贸然进来了。总经理感觉很新鲜,破例让他一试。面试的结果不尽如人意,年轻人表现糟糕。他对总经理的解释是事先没有准备,总经理以为他不过是找个托词下台阶,就随口应道:"等你准备好了再来试吧!"

一周后,年轻人再次走进微软公司的大门,这次他依然没有成功。但比起第一次,他的表现好得多了。而总经理给他的回答仍然同上次一样,"等你准备好了再来试吧"。就这样,这个青年先后5次踏进微软公司的大门,最终被公司录用,成为公司的重点培养对象。

心语:什么东西比石头还硬,或比水还软?坚持不懈、水滴石穿而已。也许,我们的人生旅途上沼泽遍布,荆棘丛生;也许我们追求的风景总是山重水复,不见柳暗花明;也许,我们前行的步履总是沉重蹒跚;也许,我们需要在黑暗中摸索很长时间,才能找寻到光明;也许,我们虔诚的信念会被世俗的尘雾缠绕,而不能自由翱翔;也许,我们高贵的灵魂暂时在现实中找不到寄放的净土……那么,我们为什么不可以以勇敢者的气魄,坚定而自信地对自己说一声:"再试一次!"再试一次,你就有可能达到成功的彼岸!

第十节　丰收的第一年

时光在指缝间流淌,还没好好地感受大一的新鲜味道,大一就即将敲响结束的钟声。回顾大一的生活,你是否在感怀有一些事还没有完成,又或者在庆幸你实现了一些目标。

---

① 参见佚名《再试一次》,见精功报网(http://newspaper.jinggonggroup.com/dzb2005/dzb11/dzbqh-6.htm)。

一、自评

请将自己的大一生活做一次自评。

时　间	项　目	目前状况	完成状况	原　因	调　整
我的大一	思想转变				
	理论学习（计算机证、英语B级、专业证）				
	职业技能				

一学年来所获得成绩如下。

（1）学习成绩：_____
_____。

（2）社团成绩：_____
_____。

（3）其他活动成绩：_____
_____。

（4）没有突出的成绩的原因：_____
_____。

二、组织评估（360°检测）

古语有云："以铜为镜，可以正衣冠；以古为镜，可以知兴替；以人为镜，可以明得失"，请对自己进行360°检测，见下表。

检测人	评价及建议	
辅导员	评价：	
	建议：	
父母	评价：	
	建议：	
同学	评价：	
	建议：	
班主任（导师）	评价：	
	建议：	

三、反思总结

请对自己大一一学年的情况进行总结与反思。

_____
_____
_____
_____
_____。

四、调整修正

准备大二期间如何调整？（学习与社会实践如何相结合）

_____
_____
_____
_____。

学会用心地与他人沟通,你会节省更多的人际成本。学会接纳与包容更多的人与事,你就得到更多的尊重与赞赏,你的心胸就会变得更加宽广。

——李峻

第三章　大　二　定　向

第一节　大　二　规　划

一、大一反思

　　反思是人心对自身活动的注意和知觉,是人类最高贵的品格之一,是认识真理的比较高级的方式,也是最好的学习方式。反思让人进步,令人不断成长、不断突破。大一时光转瞬即逝,在过去的一年你得到了什么,我们是需要调整自己还是继续努力呢?

（一）入学既定目标

_____

_____

_____。

（二）目标完成度

_____

_____

_____。

（三）经验与不足

_____

二、大一目标审定

（一）实现目标

（二）未实现目标

（三）经验分析

1. 优势

2. 不足

3. 下一步措施

_____
_____。

目标的重要性[1]

曾有人做了一个实验:三组人,分别让他们沿着10公里以外的三个村子步行。

第一组人,既不知道村子的名字,也不知道路程,只知道跟着向导走。走了两公里就有人叫苦,走了一半有人愤怒了,他们抱怨走的距离太远,甚至还有人走到一半时就坐在路边不愿走了,越到后面的路程他们的情绪越低落。

第二组人,他们知道村子的名字和路段,但路边没有路牌指示,于是他们就凭经验估计了时间和距离。当走到一半时,很多人想知道他们走了多远,有经验的说:"大概走了一半。"于是大家又缓缓地向前走,当走到3/4路程时,大家觉得疲惫不堪,情绪低落,感觉路程似乎还很长。当有人说:"快到了",大家又打起精神,加快了步伐。

第三组人,他们不仅知道村子的名字、路程,而且公路上每一公里就有一块路牌,他们边走边看路牌,每走一公里大家都有一阵子的欢乐。行进中他们用欢笑声来消除疲劳,情绪高涨,所以他们很快就到达了目的地。

从以上的故事可见目标规划的重要性,你科学地设立了清晰的目标吗?

三、大二目标确定

作为专业成长意义最为深刻的大二生活已经开始了,你——准备好了吗?理清我们的思绪,马上为自己设定一个新的目标吧,坚定地告诉自己

_____

[1] 参见佚名《目标的重要性》,见百度文库(http://wenku.baidu.com/view/e-24cc7b469dc5022aaea00bf.html)。

你要的是什么,然后勇往直前吧!

新目标设定:

_____

_____

_____

_____。

四、大二目标分解

请将大二目标分解,填入下表。

方针	效果	时间	方式
学习自修			
为人处世			
基础知识			
实践技能			

续上表

方针	效果	时间	方式
兴趣培养			
掌控时间			

这样的效率习惯你养成了吗？

看一看，在这样的习惯下，我们的学习效率一定会有很大的提升吧！

一、明确当天学习目标

明确今天学习的目标。学习之后，将目标清单列出来，这样更便于合理安排时间，同时要求自己一定要完成今天的任务后再做其他事情。

二、每天保证8小时睡眠

晚上不熬夜，定时就寝；坚持午睡。充足的睡眠、饱满的精神是提高效率的基本条件。

三、减少学习时的干扰

玩的时候要痛快，学的时候要认真。学习前尽可能避免上网、看电影、玩游戏、打电话等，使用电脑学习时，不要开微博、QQ之类的聊天互动工具，减少干扰。因为你会在不知不觉中花很长时间，在必须要做一些事情的时候，一定要定下时间。

四、学习要主动

只有积极主动地学习，才能感受到其中的乐趣，才能对学习越发产生兴趣。兴趣是最好的老师，效率也会在不知不觉中提高。

五、适时放松休息调整

学习40分钟左右要休息一会儿。这时可以偷一会懒，看会电影，上上网，一定记得控制时间。当感到很困的时候，用适当的方法调整。

六、坚持体育锻炼

身体是学习的"本钱"。忽视体育锻炼，会使身体素质越来越差，导致学习越来越力不从心。长此下去，如何能提高学习效率呢？

七、保持愉快的心情，和同学融洽相处

每天有个好心情，学习积极投入，效率自然会高。同时，和同学保持良好的互助关系，团结进取，也有助于提高学习效率。

八、注意饮食

晚饭不要吃得过饱，少吃肉多吃素食，多喝水少喝饮料，一是可以有效控制体重，二是可以有效避免因为食物消化分解等导致的脑部疲劳。

总结：学习效率的提高，很大程度上取决于学习之外的其他因素，这是因为人的体质、心境、状态等诸多因素与学习效率密切相关，因此也要注意饮食和营养搭配。

第二节 专业成长

顺利就业是每个大学生的学习期望，职业成长中一个很重要的环节就是专业学习。从现在开始你就应该学会为自己的专业学习做个规划！

一、大一专业学习自我盘点

（一）各科成绩及平均分、已取得学分

_____
_____
_____。

（二）专业技能考证

_____

（三）计算机与英语等级考证

（四）经验与教训

二、大二确定目标

（一）理论学习

（二）技能训练

（三）社会实践

（四）人文修养

_____

_____。

三、大二反思与总结

（一）成果展示

_____

_____。

（二）经验与不足

_____

_____。

（三）改善措施

_____

_____。

 **励志音符**

我真的很不错
作词：娃娃 作曲：伍思凯
演唱：伍思凯
没有时间，
在无谓的承诺叹息。
让太阳晒一晒，

充满希望的背脊。
迎着世界的风，
我要无畏的挺立。
对于必须做的事，
我一点都不怀疑。
要做就做最好的，
不要明天才说真的可惜。
我知道我能做到的——
就是不停不停不停、
不停不停不停的努力！
哦！我真的不错！
我真的很不错！
我的朋友，
我想骄傲地告诉你：
哦！我真的不错！
我真的很不错！

第三节　融入社会熔炉

社会是没有围墙的课堂，走进社会、融入社会、感知社会，通过社会实践，使抽象的认知变为实践经验，让我们走出象牙塔，在社会的大熔炉中经历风雨，增长才干，为今后更好地完成学业提供更多的积累和思考。

一、大一社会实践自我盘点

（一）校内社会实践活动（社团、团学、志愿者、义工）

_____

_____。

（二）校外社会实践活动

_____

（三）自我收获

二、大二社会实践行动策略

（一）实践计划

（二）行动策略

三、大二社会实践目标总结与调整修正

（一）实践成果

（二）经验与教训

_____
_____
_____
_____。

（三）最难忘的那件事

_____
_____
_____
_____。

（四）最难忘的那个人

_____
_____
_____
_____。

（五）总结与调整

_____
_____
_____
_____。

第四节　健康大二

现代健康的含义并不仅是传统所指的身体没有病而已，根据"世界卫生组织"的解释：健康不仅指一个人身体没有出现疾病或虚弱现象，而包括其生理上、心理上和社会上的完好状态,这就是现代关于健康的较为完整的科学概念。

现代健康的含义是多元的、广泛的,包括生理、心理和社会适应性三个方面,其中社会适应性归根结底取决于生理和心理的素质状况。心理健康是身体健康的精神支柱,身体健康又是心理健康的物质基础。良好的情绪状态可以使生理功能处于最佳状态,反之则会降低或破坏某种功能而引起疾病。身体状况的改变可能带来相应的心理问题,生理上的缺陷、疾病,特别是痼疾,往往会使人产生烦恼、焦躁、忧虑、抑郁等不良情绪,导致各种不正常的心理状态。作为身心统一体的人,身体和心理是紧密依存的两个方面。

一、心理健康小助手

性　　格	现在的我	我该怎么办	更完美的自己
是否了解自我			
是否接受他人,善与他人沟通			
是否能正视现实			
是否能协调与控制情绪			
人格是否完整			

二、强健体魄与锻炼

（一）在校健身运动形式

_____
_____
_____
_____。

（二）运动次数（每周）

_____

（三）运动时间（每次）

（四）课余其他休闲娱乐方式

三、身体健康目标与实施措施

（一）身体健康目标

（二）实施措施

 **他山之石**

舌尖上的健康

一、认识我们身体的四大清心降火食品

1. 萝卜：以青萝卜疗效最佳，红皮白心者次之。
2. 玫瑰：玫瑰花茶可顺气养心。
3. 山楂：泡水、熟吃、生吃，皆有不同功效。
4. 莲藕：以水煮服或稀饭煮藕疗效最好。

二、认识我们身边的五大减肥食品

1. 奇异果：富含维生素、缓解便秘。
2. 苹果：苹果含有苹果多酚、苹果酸，可促进新陈代谢（特别是果皮）。
3. 黑木耳：可促进肠道蠕动，吸附身体毒素排出体外。
4. 秋葵：是高蛋白、高营养、低脂肪、低热量、无胆固醇的食物。
5. 筊白：热量低、纤维多、水分高，是易产生饱足感的蔬菜。

三、认识我们身体的六大排毒茶饮

1. 绿豆汤：适合熬夜加班族或气躁心烦、舌燥口干、长青春痘者饮用。
2. 菊花茶：降火清肝。
3. 枸杞茶：缓解眼睛酸涩、抗疲劳、明目醒脑。
4. 绿茶：刺激人体中枢神经，提神振精。
5. 杜仲茶：补血与强健筋骨。
6. 决明子茶：镇肝气、益筋骨、清热排毒。

四、心理调节与规划

请完成下表测试，看看自己的心理状态如何。

心理健康自测表

陈述	选项 是	否
1. 觉得闷闷不乐，情绪低沉		
2. 离婚或单身家庭		
3. 没有要好的朋友，觉得很孤单		
4. 无原因的持续疲乏感		
5. 觉得自己没有生存的价值和意义		
6. 发觉体重在下降		
7. 常有便秘		
8. 经常莫明其妙地感到心慌，惴惴不安		
9. 社会关系不和谐，不合群		
10. 思维反应变得迟钝，遇事难以决断		
11. 经常厌食、恶心、腹胀或腹泻		
12. 入睡困难，长期失眠		
13. 免疫力低下，经常感冒		
14. 脾气变坏，急躁易怒，注意力难以集中		
15. 精力不足，工作效率低		
16. 家族中有抑郁症患者		
17. 常会四肢麻木和周身疲乏		
18. 记忆力下降，常丢三落四		
19. 经常感到头疼、头晕、胸闷气短		
20. 经常犹豫不决		
21. 经常把他人交办的事情搞错		
22. 会因不愉快的事缠身而一直郁郁寡欢，解脱不开		
23. 有些奇怪的念头老是浮现脑海，虽知其无聊，但仍无法摆脱		
24. 尽管周围的人在快乐地取闹，自己却觉得孤单		
25. 常常自言自语或独自发笑		
26. 总觉得父母或朋友对自己缺少爱		

续上表

陈　述	选　项	是	否
27. 情绪极不稳定、善变			
28. 常有生不如死的想法和感觉			
29. 半夜经常听到声响而难以入睡			
30. 情感容易冲动			

计分规则：上述每题选择"否"则计 0 分，选择"是"则计 1 分，将各题相加后统计总分。

结果分析：得分在 1～5 分，你的心理状态很好；得分在 6～15 分，你的精神有些疲倦，建议合理安排好学习和生活，劳逸结合，放松心态；得分在 16～30 分，你的心理处于亚健康状态，有必要咨询心理医生，疏导情绪或进行药物治疗。

关注生活，关注心理健康。

（一）你心里的小秘密

_____

_____

_____。

（二）你希望的解决方法

_____

_____

_____。

 他山之石

自我心理调节的方法

自我意识能使人认识和体验自己的情绪，同时也可控制情绪的变化。

当自我意识失去控制时，就需要借助外力进行调节，使自我意识水平保持最佳状态，只有提高自我意识的支配能力，才能保证较高的自我意识水平，从而发挥正常的自我意识的功能，常见的方法有以下五种。

1. 转化情感。学会适当的情感调节，使不良情绪得到释放，将负能量转化为正能量，把充沛的精力、丰富的情感转化为自律自强的动力。

2. 注意力转移。转移注意力是心理调节中不可缺少的，当你心情不好时，可以安排一些休闲活动，改变环境，放松心情，将注意力转移能使人暂时消除不良的情绪。

3. 合理宣泄。有的情绪可以升华，有的需要排解，选择适当的场景，合理地将负面的情绪宣泄，这样可以起到一定的心理调节作用。但需注意，情感宣泄的时间、地点、对象、方式等，不要随意胡闹，避免造成不良后果和影响。

4. 以交往调节心理。交往作为人们不可缺少的社会属性，因此，当我们心情不愉快时，可以和朋友或同学倾诉，说出自己内心的想法，表达自己的情感（特别是向异性朋友），这普遍能够产生较好的心理调节作用。

5. 认识阶段性心理特征。作为大专学生，在校的三年里，其每个年龄段的心理特点都不同。所以，处于大二的学生，应对自身个人发展方面给予补充和完善，提升个人竞争力。

第五节　青春有爱

经心理学家研究表明，人的情感具有两种基本功能，一是信息功能，二是调节功能。情感积极愉悦则能调动起学生积极的学习心态，激发学生学习的主动性与热情。那么，新生应该如何应对大学生活，怎样融入新环境呢？

首先，要做好心理准备。新生来到一个新的环境肯定需要一个适应的过程。如果感到孤独、生活节奏不适应、心情不愉快时，千万要提醒自己保持冷静，不要出现情绪过激的现象。此类事情，要是事先有所准备，就能避免盲目负面情绪爆发。对于可能出现的不适，要做到心中有数，给自己时间和耐心来适应这一过程。

其次，用心学习，端正态度。目前大学新生自认为什么都懂，其实他们刚入校对学校的情况可谓是一无所知。需要一段时间后才能做到认知与了解，心理才能适应。这是人们必经的一个过程。所以，有了这种心态，才能使人安下心来，接纳环境，静心学习。

最后，广泛交友，形成新的情感集合体。面对新环境，要尝试多交朋友，这可以获得多方面的交流，有助于学习、工作和生活。我们可以先与和自己有着共同点的人来往，例如老乡、老同学。同样的成长环境、同样的方言、同样的饮食文化等共同点有助于形成亲近感、安全感，共建交流平台。然后可以进一步逐渐扩大自己的交际圈。当我们有了朋友，在遇到困难时，他们就能给予意见和建议。

一、大一情感管理大点兵

请根据自己的大一情感管理情况，填写下表。

情感互动	目前状况	下步目标	自我感悟
亲情			
友情			
爱情			

二、大二情感管理新目标

（一）我爱我家

请根据自己对家里的温馨回忆，填写以下内容。

1. 父母曾为我做的事

_____

_____

_____。

2. 我为父母做的事

_____

_____
_____。

感恩父母

　　羊有跪乳恩，鸦有反哺义，人作为宇宙之主宰，亦有感恩之心、动人之情。孟郊在《游子吟》中写道："慈母手中线，游子身上衣，临行密密缝，意恐迟迟归，谁言寸草心，报得三春晖。"诗句中的母子深情在字里行间自然流露，深深地表达了母爱之感染力。母爱伟大，父爱亦然，无私的爱，深切的情，都是父母给予我们最宝贵的点点滴滴。

　　父母给予了我们一次宝贵的生命，精心地哺育我们成长，教导我们做人，可以说，没有父母就没有我们。当我们坐在教室里学习、在校园里玩耍时，我们没有看到父母正为高额的学费不辞劳苦地打拼；每当回到家里时，我们会为见到父母而高兴，但同时，又会为向父母索取生活费而感到揪心难过。

　　父母的艰辛不是我们那么容易想到的，曾几何时，深夜里父母将生病的我们送入医院；曾几何时，摇曳风雨中父母盼望着我们回家；曾几何时，屋檐下父母传授我们做人的道理。我们要学会感恩，回报父母。

　　生我者父母，养我者亦是父母，我们要懂得报答父母的养育之恩，我们要珍惜父母的深情。借此机会，我向辛勤劳作的爸爸妈妈深鞠一躬，道一声："爸爸妈妈，你们辛苦了！"

　　如果此刻你正深深念及着父母的恩情，考虑一下我们能否这样做？

　　（1）更多地了解父母。父母的工作状况你知道吗？父母爱吃的食物你了解吗？父母的身体健康状况你关心过吗？父母的生日你记得吗？

　　（2）在学习上做到努力学好各门功课，生活俭朴，不浪费，不乱花钱，不向父母提过分的要求。

　　（3）尊敬父母。遵从父母的教导，对父母不顶撞、不带偏见。

　　（4）需要外出时，应征得父母同意，并且把时间以及去向告诉父母。

　　（5）主动与父母说心事，经常与父母聊天，做到沟通无距离。主动告知父母自己在校的学习、生活情况,做到让父母放心、安心。

(6) 主动帮助父母承担力所能及的家务,减轻父母的负担。

人的一生应该是感恩的一生。我们沐浴着他人的恩惠而来,感恩则注定作为我们一生的使命,用一颗感恩的心把我们的爱洒向全世界。

(二) 吾爱吾友

朋友,感谢一路有你;朋友,我想对你说……

序号	大一新朋友	他(她)的身份	彼此互动	最想对他(她)说的一句话
1				
2				
3				

 **励志音符**

友情岁月

作词:刘卓辉　作曲:陈光荣

演唱:郑伊健

消失的光阴散在风里,

仿佛想不起再面对。

流浪日子你在伴随,

有缘再聚。

天真的声音已在减退,

彼此为着目标相距。

凝望夜空,

往日是谁,

领会心中疲累。

来忘掉错对,

来怀念过去,

曾共度患难日子总有乐趣。

不相信会绝望，
不感觉到踌躇，
在美梦里竞争，
每日拼命进取。
奔波的风雨里，
不羁的醒与醉，
所有故事像已发生漂泊岁月里。
风吹过已静下，
将心意再还谁，
让眼泪已带走夜憔悴。

三、大二情感管理总结与调整修正

（一）大学后你与父母关系的新变化

_____
_____
_____
_____。

（二）大学中对我影响最大的朋友

_____
_____
_____
_____。

（三）我的感恩——我想对他们说的话

_____
_____
_____
_____。

（四）自我调整

_____
_____
_____
_____
_____。

第六节　时　间　管　理

一、自我盘点

我是一个徘徊不前的人还是珍惜时间的人呢？我的大一学习生活安排得是否合理呢？我的时间利用是否充分，是否取得一定的成绩呢？把我们的大一时间安排填入下表，并对每个事件都反思回味一下吧！

日常时间安排表

时　间	事　件	成　绩	反　思

我的大一时间安排及所得感想：

_____
_____
_____
_____
_____
_____。

二、行动策略

我的"大事记"用表格的形式将重要的事情清晰地列出，不需要记录太多的事情，关键是你已通过这个过程学会怎样安排每一天的生活、学习和工作，更重要的是懂得该怎样规划和把握时间。接下来，结合大二学生生活的特点，将你最想完成的事，按照优先原则进行排序。

序号	大 事 记	内　　容
1		
2		
3		
4		
5		

三、调整修正

经过一年的学习生活，大家有没有觉得每天的24小时，我们的利用率有所进步，但是还是有不够用的时候？这需要我们对自己的时间作更深入的规划，现在就让我们开始吧。

	时　　间	内容安排
大二第一学期		
大二第二学期		

巧用时间

　　丰富多彩的大学课余生活实在是令人眼花缭乱，如何安排好自己的课余时间？

　　要知道，大学校园的课余生活是丰富多彩的。除了我们的日常教学活动外，还有各式各样的学术报告、班会、讲座、社团活动、文娱活动等。这些丰富的活动对大学新生来说是眼花缭乱的，对于应该怎样安排自己的课余时间，新生们常常心中没有想法。如果全部根据兴趣，那么这样随意性较大，很难有效地利用校园的有利资源和环境。

　　要想合理地安排好自己的课余时间，首先需要对自己近期内的活动做理智的分析。把自己近期内要达成的目标、长远的目标列出来,自己最紧急、最迫切的需要是什么,这些活动对自己的发展有什么意义等。之后做出合理的计划安排,随着时间的推移,要在执行过程中不断地去修正和变化。

另外,有必要制订一份合理的休闲计划,安排好节假日活动,将工作、学习、娱乐有机地结合起来,有助于提高学习工作效率,也益于身心健康。

正所谓身体是"革命的本钱",是一个人心理健康的基础。我们必须给自己留出足够的时间来锻炼身体,最好是制订一套符合自身的锻炼计划,让自己拥有一个健康强壮的身体。

对于大学新生来说,要懂得善于利用课余时间,组织一些有意义的课余活动,这样既能调节自身情绪,也可提高自己的交际能力。

另外,学生也能够自主利用课余时间去阅读一些自己感兴趣的报刊书籍。把读书作为一件快乐之事,既可以排解困扰,又可以心情愉悦,还可以获取知识,增长学识,有利于学生的身心健康。

第七节　职场初体验

一、职场目标设计

请按自己的职场目标填写下表。

目　标	计　划

续上表

目　　标	计　　划

二、职场再行动

（一）学长之言

他/她是我尊敬的学长/学姐，与他/她交谈让我豁然开朗。

姓名		性别		职业	
职务		学历		所学专业	
单位		访谈时间		年　月　日　时　分	
地点		电话		E-mail	

访谈内容：

学长的建议：

（二）职业小侦探——了解我的目标行业

根据所学专业，了解行业动态。

目标行业调查

大环境分析	地区发展状况	
	行业发展状况	
小环境概况	人才需求分析	
	学历分布	
	岗位划分	
	收入等级	

（三）职业小侦探——了解我的目标企业

根据所学专业，了解企业对人才的素质要求。

目标企业组织调查

企业名称	
行业分类	
雇员人数	
公司历史（建立时间、关键事件）	
公司发展前景	
薪酬	
职业着装与礼仪	
企业文化	
工作环境	
员工归属感	
总体印象	

三、反思总结

做一名成功的职场人真不是一件简单的事。我缺少哪方面的能力？已经具备哪些能力呢？

（一）具备的能力

_____

_____

_____

_____。

（二）欠缺的能力

_____

_____

_____

_____。

准备一下我的简历，步入职场吧！

职场小贴士

1. 不管发生什么事情，都得首先考虑自己有没有做错。如果没错（那不可能），那就站在别人的立场，体验一下别人的感觉。

2. 请学着去适应环境，永远不要指望环境来适应你。即便这是一个相当痛苦的过程。

3. 大方一点。不会大方就学大方一点。如果大方真的会让你很心疼，那就装大方一点。

4. 低调一些，再低调一些，更低调一些（要做到比临时工更低调，也许在别人眼里你还不如一个工龄长的临时工呢）。

5. 平常嘴要甜，千万别吝惜你的喝彩声。

6. 当你感到近期工作上的事情非常顺利时,那你得多加小心了。

7. 以礼待人。打招呼时要注视对方的眼睛。以尊敬长辈的态度同年长的人交流,因为你就是一个小辈。

8. 少说多做。言多必失,人多的场合少说话。

9. 不要把别人的好视为理所当然,要知道感恩。

10. 做到手高眼低。

11. 请遵守时间,但不要期望别人也遵守时间。

12. 请信守承诺,但不要轻易许诺。更别把他人对你的承诺信以为真还谨记于心。

13. 不要向同事借钱,如果借了,那么一定要准时还。

14. 不要轻易借钱给同事,如果一定得借,那么就当送他的好了。

15. 不要推脱责任(即使是别人的责任,偶尔承担一次也没关系吧)。

16. 不要背后说他人坏话。学会在背后说别人好话。请放心,这好话一定会传到当事人那里。当有人在你面前说别人的坏话时,请面带微笑。

17. 不要在公开场合与同事对立,更不可激烈争执。

18. 要时常帮助别人,但不能让别人觉得这是理所当然。

19. 对事不对人;或对事无情,对人要有情;或做人第一,做事其次。

20. 时常审视自己有没有自负,有没有骄傲,有没有瞧不起别人。(即便你有通天才能,如果没有人愿意与你合作,给予你帮助,那么最终你也是白搭)。

21. 人生的必修课——忍耐(人的一生都需要忍耐,有些人直到老去这门人生必修课也不及格)。

22. 当你到一个新的地方,请不要急于融入那个集体。当时间一到,属于你的集体会自动接纳你。

23. 有一颗平常心。没什么大不了的,好事要往坏处想,坏事要往好处想。

24. 杜绝发生办公室恋情,假如实在避免不了,那么请避免在办公室内有任何形式的接触,包括身体、眼神等。

25. 好心有时不会有好结果,但不能因此而灰心。

26. 资历很重要。千万不要在长辈面前耍小聪明,不然会有你好受的。

27. 待上以敬，待下以宽。

28. 你如果带领一个团队，请在总结工作时做到把错误留给自己，把功劳给予下属。当你的上司与下属同时在场时，请记得适当地赞扬你的下属。当批评人时，要做到只有你们两人在场的情况下才能进行。

第八节　我的大学我作主

一、自我评估

时间过得飞快，转眼这些已成回忆，每天都有新的问题，那些回忆还会不会被忆起？让我们动手将过往的心得体会记下来吧。

年度总结

学习自修之道	
为人处世	
基础知识	

续上表

实践技能	
兴趣培养	
掌控时间	

二、他人谏言

"当局者迷,旁观者清",自己的评价可能不是十分准确,及时听取他人的意见和建议,有助于自身的成长。

类型	评价	建议
辅导员		
父母		
同学		

三、反思总结

写给自己的一封信。

本人签字：

年　月　日

机会永远是自己把握，只有年轻可以等待，也只有年轻不可以等待。在等待机会中激情将燃烧殆尽。机会永远不是靠彼此之间的协商去相让相送的，不是用来做礼物的，而是用来彼此争取的。

——李峻

第四章　大　三　准　备

第一节　走过大二

不管你之前有多少梦想，也不管你之前设计了多少套方案——现在，大三，你就要走出那决定性的一步了。

走过大二，愧疚地发现并不是一切都像原先计划中的一样。成绩还是不上不下，在中游徘徊。你希望提高成绩，却怎么也做不到"两耳不闻窗外事"地一心念书？大二了，可你没想象中的成熟，还挺脆弱，想用点成就来武装自己。

有几分思绪，有几分无奈，有几分忧愁，有几分伤痛，都再也回不去了。

那就要面对大三，大三主角依旧是你，但是场景已经跟以前大不相同。不管你愿意还是不愿意。

第二节　总　结　自　我

古人有言：读史使人明智。在大三对自己的大学三年进行自我总结，也相当于回头看自己的大学历史，只有看清了历史，才能更好地去把握未来。

一、总结大二规划的实施情况

_____
_____
_____
_____ 。

二、原因分析

（一）自身因素

_____
_____
_____ 。

（二）外部因素

_____
_____
_____ 。

（三）吸取教训、改进方案

_____
_____
_____ 。

第三节 描绘大三

一、大三情况分析（学习、品德、技能、时间等方面）

_____
_____
_____
_____
_____。

二、目标确定与实施时间进度

_____
_____
_____
_____
_____。

目标分析		成 果
品德修养	1.	
	2.	
	3.	
理论学习	1.	
	2.	
	3.	

续上表

目标分析		成　果
职业技能	1.	
	2.	
	3.	
实践技能	1.	
	2.	
	3.	

三、学习实施计划

大三的你，不要以为一切都已经注定，一切都已经结束。在这一年里，你要做的事情还很多，你可以抓住的机会也还有很多。不管怎样你都要在最后的这一年里，抓紧时间努力学习，提高自己。

所学课程	学习目标	实施计划
专业课程		
实训课程		

续上表

所学课程		学习目标	实施计划
选修课程			
其他课程			

课程培养的能力目标：

自身不足：

实施计划：

四、总结回顾

大学是学习的殿堂,回顾过去的学习生活,有过成功,有过失败。即将迈入社会的门槛,让我们来反思一下学习吧!

(一)已经完成的学习任务

(二)未完成的学习任务

(三)原因分析

1. 自身因素

2. 外部因素

3. 解决问题及改进方案

_____
_____
_____
_____。

第四节 健 康 大 三

健康体魄是新时代对公民的基本要求，是中华民族旺盛生命力的体现。作为新生代的一员，一代天骄的你们，踏出你们的步伐，挥舞你们的双臂，在运动场上尽情挥洒你们的汗水吧！

一、健康大二规划回顾

（一）设定的目标

_____
_____
_____
_____。

（二）实际锻炼情况

_____
_____
_____
_____。

自身有什么不良习惯会影响到身体的健康？

_____
_____

。

舍友们对我健康所做的规划的意见、建议：

　　　　　　　　　　　　　　　　　　　　　　　　　　　。

二、健康大三计划设定

在将要离开学校的同时，不妨给自己制订一份健康计划，在未来的日子里享受健康。请将计划填入下表。

锻炼方案	锻炼时间表	具体实施计划

过去一年,健康运动锻炼方案是怎么开展的?取得了哪些效果?

_____
_____
_____
_____
_____
_____。

　　大三,就在忙忙碌碌和不断调整心态的过程中度过,收获的不仅仅是知识,还有毅力、勇气、坚定、成熟,或者更多……心理承受能力如何提高?

_____
_____
_____
_____
_____
_____
_____
_____
_____。

　　离开母校,压力从四面八方袭来,以后你有什么坚持锻炼身心的方法?

_____
_____
_____
_____

_____
_____
_____。

第五节　爱暖校园

　　慵懒的阳光倾洒在每个毕业生的脸上，折射出不同的人生，身上的学士服像一本封笔的书，记录着大学的点点滴滴，似乎又像是在书写着人生的扉页，只为开启下一段新的篇章。

一、大二情事逐件数

项目	感情目标	实施情况	得到的	失去的
面对亲人				
面对朋友				
面对朦胧的爱情				

二、大三理性情感计划

目　　标	开展计划
亲情方面	
友情方面	
爱情方面	

励志音符

《栀子花开》

作曲、作词：吴娈

演唱：何炅

栀子花开，So beautiful So white，

这是个季节，我们将离开。

难舍的你，害羞的女孩，

就像一阵清香，

萦绕在我的心怀。

栀子花开如此可爱，

挥挥手告别欢乐和无奈。

光阴好像流水飞快，

日日夜夜将我们的青春灌溉……

毕业前要做的十二件事①

1. 不管你曾经多么内向,一定要在全班同学面前,认认真真地讲一次话,或者唱一支歌,即使你只是和开学时一样再介绍一回你自己。

2. 去拜访一次你最崇拜的老师,在毕业时,记住一条对你影响最大的人生经验。

3. 即使从不喝酒,你也一定要用饮料让自己沉醉一次。

4. 坐在你不喜欢的食堂里,再去认真品尝一次食堂的免费汤,那个味道会在很多年后还让你记忆犹新。

5. 为了向师弟们表明身体"发福"的后遗症,起个早床,去学校的田径场跑一次步。

6. 如果还有最后一次班集体活动的话,那么请下定决心,这次一定认真参加。

7. 在校园里,假如有山,请记得再爬一次。

8. 认真留下你觉得应该是朋友的每一个人的联系方式,然后把你的联系方式也告诉他们。

9. 终于到离开的时候了,剪一次头发,让自己崭新地离开,崭新地开始新生活。

10. 毕业典礼可能是你学生时代最后一次领取证书了,请你认真参与。

11. 那张和你睡了三年的床,请记得一定要与它合影一张。

12. 尽可能地为每一个同学送行,你要明白,他们是你三年的同学,他们中的某些人,也许是与你最后一次见面了。

---

① 参见佚名《毕业前要做的十二件事》,见百度文库(http://wenku.baidu.com/view/9de666e8172 ded630b1cb620.html)。

第六节 善用时间

一、大二时间使用情况

（一）最占用时间的事情

（二）最有收获的事情

（三）最浪费时间的事情

（四）总结自己大二时间使用情况

（五）需要改进的方面

 他山之石

发现优先顺序的挖金子原则

我非常喜欢玩的一个网上小游戏，是关于挖金矿的：屏幕的全部场景是一大片分层的土地，其间分布着各种可能存在的东西，包括大大小小的金块、石头、砖石、小动物及炸药桶等。你所需要做的事情，就是努力在固定的时间里，确定方位并挖掘出相应的东西。一次只能选择一个方位，而各种物品的价值不一。如果在限定时间内你挖出来的东西的价值达到了目标，你就顺利进入下一轮——去挖更多的金子，如果不能达到目标，屏幕会被填满金子，闪烁出一行字："你没有挖到足够的金子，所以你死了"。

我在一开始玩的时候有时输有时赢，看见什么抓什么，一切看起来只是凭运气而已。不过玩的次数多了，渐渐就有了经验：假如我每次先把最值钱的金块或钻石挖到手，那基本就可以赚到足够的钱来保命。

玩这个游戏的意义之一在于让我体验赚钱的快乐，不过更多的时候它让我脑海里回响起这样一句话："时间是有限的，你必须先把最有价值的部分挖掘出来。"这样，才有可能实现你的目标。

而对于正处于大三的你来说，你必须明确哪些事情是你的钻石金币，哪些事情是你的砖石瓦块。你需要明确成就你认为最重要的事情的方向，并保证你首先完成这些事情。

二、确立大三时间规划目标

用"四象限原理"规划时间。

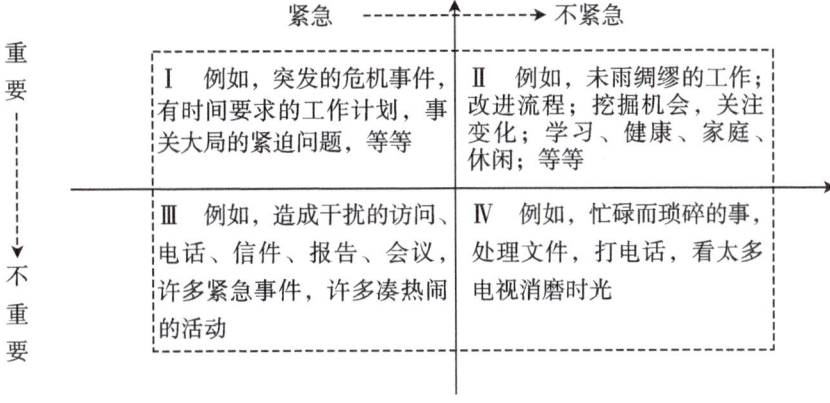

三、有效使用大三的时间

（一）时间使用计划

_____
_____
_____
_____。

（二）实施方案

_____
_____
_____
_____。

第七节　征战职场

一、设定求职方向

（一）求职方向一

1. 就业意向

（1）理想工作：_____。

（2）理想岗位：_____。

（3）理想工作地点：_____。

2. 该工种现状、发展前景分析

_____

_____

_____。

3. 理想工作地点的气候与地理、经济环境、职业发展前景分析

_____

_____

_____。

4. 理想工作单位的性质、规模、制度、发展前景分析

_____

_____

_____。

5. 理想工作岗位要求的工作能力

_____

_____

6. 自身能力分析

_____

_____

_____

7. 自身能力与理想的差距

_____

_____

_____

8. 改进措施

_____

_____

_____

(二) 求职方向二

1. 就业意向

(1) 理想工作：_____

(2) 理想岗位：_____

(3) 理想工作地点：_____

2. 该工种现状、发展前景分析

_____

_____

3. 理想工作地点的气候与地理、经济环境、职业发展前景分析

_____

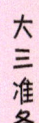

4. 理想工作单位的性质、规模、制度、发展前景分析

5. 理想工作岗位要求的工作能力

6. 自身能力分析

7. 自身能力与理想合作的差距

8. 改进措施

9. 求职建议
（1）屡败屡战的精神是怎样在寻找梦想中的好工作时发挥作用的。
（2）高不成低不就，只能让你一毕业就失业。转变就业观，对失业说"不"！

(3) 条条大道通职场，你又要走哪一条？

(4) 没进过职场没关系，就是穿你也要穿出职场风范。

如果把大三之前对找工作的准备比作"未雨绸缪"，那么大三期间找工作就是"实地应战"，就好比玩象棋：下棋与看棋是两回事，看棋看得好的人不一定能下得好，而下棋下得好的人才是真正会看棋的人。

二、行动策略

结合自己所学专业，和你的同学一起来规划自己的人生吧。

（一）职业规划宣传活动

活动主题：规划理想职业，成就精彩人生！

【活动目标】通过职业规划大赛的活动形式，传播和普及职业规划理念，引领和示范职业规划实践，提升大学生职业素质和就业能力，帮助大学生学习与掌握职业规划的基本方法、树立正确的成才观和就业观，从根本上唤醒大学生的就业自主意识，并推动我院毕业生就业工作的深入开展。

【活动流程】

报名时间：3月中旬，由各班学委登记报名人数。

初赛时间：具体时间以通知为准。

培训时间：具体时间以通知为准。

决赛时间：待定。

活动地点：待定（含初赛、培训、决赛）。

演讲要求：演讲稿字数要求在800字左右，时间为3～4分钟。

活动安排：

（1）初赛：各选手比赛前必须写好演讲稿（演讲稿赛前须交主办方确认）。

（2）决赛：结合学生所学专业设立评委提问环节；情景短剧环节（模仿职场情况）。

（二）制作精彩简历

用"广告""推销"自己！——制作完美简历

（1）简历的功用。

_____
_____
_____。

（2）制作简历的标准。

_____
_____
_____
_____。

（3）简历的组成结构。

_____
_____
_____
_____。

（4）在制作简历时应该注意的重点。

_____
_____
_____
_____。

（5）当所学专业与求职目标不同时，在简历制作方面应当注意的重点。

_____
_____
_____
_____。

一份完整的简历包括很多内容，简历的形式与内容都很重要，相辅相成，所以好的简历要做到"形神兼备"。

1. 形

（1）要件齐全。一份完整的简历包括求职信、中英文简历、成绩单（含 GPA）、技能证书和获奖证书的复印件。

（2）恰当的字体和简洁清晰的排版格式。中文字体最好用宋体，英文用 Times New Roman，正文用五号字，栏目标题用四号字，而简历标题（如"个人简历"）用二号或者小二号。排版坚持简单清晰的风格，大小标题可以字体加粗，每一栏目之间可以用简单的横线隔开。

（3）恰当运用表格。表格的好处是简单、清晰，一目了然。简历可以用表格的形式列举社团活动、获奖状况、主修课程、社会实践经验等，清晰、有条理又便于阅读。

2. 神

你的中英文简历至少要包括以下七个方面的内容。

（1）个人资料（姓名、联系方式）。

（2）求职目标（申请什么职位）。

（3）教育背景。

（4）英语能力（或者其他外语的能力）。

（5）计算机水平。

（6）所获奖项及社团活动（或者其他能证明你相关能力的事项）。

（7）实习经历/工作经验。

中文简历和英文简历分别用一页纸，给人短小精悍的感觉，如果你觉得一页纸实在无法完整表达你的全部履历，那么就"忍痛割爱"，只保留能更好地体现你的能力的内容。

社团活动、实习经历和工作经验是简历中很重要的内容，招聘人员通过这些内容来了解你的组织协调能力、领导能力、团队合作精神、适应环境的能力和做事风格等。在描述以上内容时，需简洁明了地表达清楚社团/单位名称、工作职责、工作内容。如果你曾经作为团队负责人成功带领团队完成一件事情，那么一定要记得重点突出你的职责，让招聘人员了解你做了什么，从而了解你所具备的能力。

也许你是这样一种人：大学里没参加过什么社团活动，没有实习经历，也没有工作经验，你在想，我该怎么写这部分内容呢？先别紧张，仔细想一想，大学里你都干了什么？有没有兼职做家教或做过商品促销？有没有作为志愿者为班级义务劳动？有没有参加过篮球比赛的拉拉队？有没有跟同学一起制订学习计划并监督大家实现目标？三年时间，你不可能一直是藏在角落里，一个人对着天空发呆吧？只要你参加过一些活动，那么用专业的词汇将它们表达出来，你的能力就依然可以恰当地表现出来。比如，你只在某月做过一名初中生的英文家教，那么你可以在简历上这样写："某年某月，兼职英文家教，教授初中英文课程，运用创新思维激发学生学习英文的兴趣，帮助其提高英文水平。"你看，简单的一件事情同样可以为你的简历增添光彩！

请你针对求职目标制作一份简历。

现在，你的简历已经基本制作完成了。如果可能的话，最好找一位在你要进入的领域工作过的专业人士帮你修改简历。尤其是英文简历，如果你想进入某家外企，英文简历必不可少，找一位在这类外企工作过的人士帮你修改一下，将使你的简历看起来更专业，从而更容易引起招聘人员的注意。假如说，这个领域的专业人士你一个也不认识，该怎么办啊？没关系，但你至少要找一个同学或身边的朋友帮你看一下简历，提出一些修改意见，哪怕仅仅是修正一个标点符号的错误，也是很有用的。细节决定成败。想想，也许就是因为一个拼写错误，你就给招聘人员留下了做事不够认真的坏印象，直接把你的简历淘汰掉，即使你其他方面再优秀也没有机会展现，这样就失去一个宝贵的工作机会，多么可惜！

面试之路要开始了，你准备好勇敢地踏出第一步吗？

面试前注意事项	所需材料：
	仪态所需注意重点：
	所需准备的礼仪：
	简短的一分钟自我简介：

续上表

面试中	面试现场需注意的细节：
	对于求职目标一中经常遇到的面试问题，你应当如何应对：
	对于求职目标二中经常遇到的面试问题，你应当如何应对：
	对于求职目标三中经常遇到的面试问题，你应当如何应对：

紧张的面试终于结束了，道谢，再见！走出公司，你回到住处深深松一口气，啊，终于解脱了！别忙，这时候你可别忘了打开电脑，认真写一封感谢信！

现在感谢信一般用 E-mail 的形式，最好在面试当天或接下来一两天内发送过去。不要小看这短短的信笺，它一方面帮助你表达了谢意，符合商业礼仪，另一方面会加深面试官对你的印象，在一定程度上增加了进入下一轮面试的机会。那么该怎么写感谢信呢？

语言：言简意赅、重点突出，篇幅不宜过长，一般100字左右即可。

内容：表达自己对公司提供面试机会的感谢；进一步表明自己想进入下一步招聘程序的意愿；最后可以再次强调自己的优势所在和对这份工作的渴望之情。

除了感谢信以外，面试后要继续关注招聘进程，随时与一同参加面试的同学联系，每天检查邮箱，保持手机通信畅通，以防错过机会。

（三）自我归纳与反省

1. 自我总结

_____
_____
_____
_____
_____。

2. 同学总结

_____
_____
_____
_____
_____。

3. 老师总结

_____
_____
_____
_____
_____。

三、择业宝典

（一）就业政策一起学

1. 就业报到证

具体如下图所示。

《全国普通高等学校本专科毕业生就业报到证》样张

（正面）

（反面）

2. 报到证的作用

全国普通高等学校本专科毕业生就业报到证（以下简称"报到证"）的作用如下。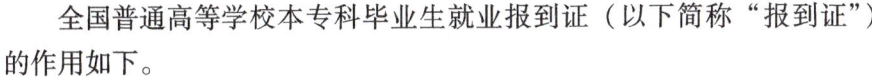

（1）报到证是到接收单位报到的凭证，毕业生就业后的工龄由报到之日开始计算。

（2）报到证是证明持证毕业生是纳入国家统一招生计划的学生。

（3）接收单位凭报到证予以办理毕业生的接收手续和户口关系。

（4）报到证是毕业生在工作单位转正和干部身份的证明。

目前，在中国人事管理体制中报到证仍然扮演着重要的角色，因此，毕业生们应注意保管好自己的报到证，不要丢失。原则上不补办报到证，如果应届毕业生有不慎遗失报到证，须及时向学校报告遗失过程，先由本人提出申请，再由毕业生所在院（系）负责人签署意见后，由学校报请省毕业生就业指导中心核准后予以办理新证。

报到证只能一人一份，由其他部门印制或签发的报到证无效。不论什么原因，凡自行涂改、撕毁的报到证一律作废。

3. 报到证的有限期和毕业生的报到期限

毕业生报到的期限原则上为一个月，即 7 月 1 日至 7 月 31 日。毕业生领取报到证以后，需尽快到工作单位或人事局报到，没有特殊原因或延期报到的，所造成的一切后果由毕业生本人承担。

就业调整改派毕业生的报到时间由省教育厅高校毕业生就业指导中心规定。

4. 关于毕业生户口手续的正确处理办法

_____
_____
_____
_____ 。

5. 在处理你的毕业事宜时是否需要找人代理

以下六个方面是关于毕业生就业人事的代理工作。

（1）_____ 。

（2）_____ 。

(3) _____。
(4) _____。
(5) _____。
(6) _____。

下列三点是关于人事代理的优点。

(1) _____。
(2) _____。
(3) _____。

6. 关于"三支一扶"政策的具体内容

根据自己所在地域看一下都有哪些地方就业优惠政策。

_____
_____
_____
_____
_____。

(二) 关注就业、创业政策

注重就业、创业政策，查找有关就业和创业网址。

(1) 广东大学生就业在线（http://www.gradjob.com.cn/cms/index.html）。

(2) 广东岭南职业技术学院毕业生就业平台（http://lingnan.university-hr.cn/）。

(3) 广州市高校毕业生就业指导中心（http://www.gzpi.gov.cn/gzbys/）。

(4) 大学生创业生涯教育网（http://www.163v.cn）。

求职前根据自己各方面的不足，多听取老师、同学的意见，及时改进。（见下表）

缺点	自我评估：
	同学总结：
	老师总结：
求职倾向是否需要调整	方针一：
	方针二：
	方针三：

续上表

调整的原因及方向	

第八节　创　业　梦　想

　　大学生"创业热潮"不知在何时悄然兴起，在你的身边很可能就有这样的"风云人物"：

　　兄弟院（系）的几位师兄，合租了校园门口的小店面，利用课余时间接受光盘刻录、网页制作等业务，另外还兼营电脑耗材和简单维修。

　　隔壁寝室的"美眉"在"淘宝网"开了一家名为"随意淘"的女装店，校园网 BBS 的生活版上还挂着她打折销售的韩妆产品。

　　某校"打工皇帝"在大学期间凭借在网络公司兼职，积攒了十几万元积蓄，还未毕业就找朋友合伙在学校附近开起了酒吧。

　　大学毕业三年后的第一次同学聚会上，从大三开始就在某公司做兼职的同学刚刚注册了自己的小公司，席间还不忘给聚会中的每个人分发自己的名片。

　　也许不是每个人都梦想着要通过创业来获得大众眼中的"成功"，成为媒体宣传的杰出青年企业家，但是自主创业的确散发着它的特殊魅力。掌舵事业、生活的成就感和满足感吸引着越来越多的毕业生抱着丝毫不畏惧的态度勇往直前投入其中。他们可能刚刚毕业，也可能身在校园就开始了创业历程；他们可能盲目，却不缺乏热情和创意；他们可能遭遇失败的挫折，却放不下"爱拼才会赢"的创业信念。他们在摸索中寻找着人生的"第一桶金"。

(一) 创业者的自身评估

创业者所应该具备的条件	不适于创业的性格特点

自我评估：

大学生创业存在的不利因素：

(二) 创业项目的基本发展路线

基本发展路线示意图如下所示。

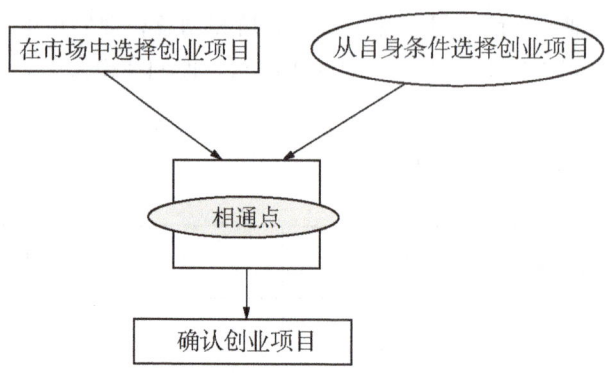

（三）拟订创业规划书

项目名称	
项目简介	
企业的分类	□生产制造业　　□零售　　　　□批发　　□服务　　□农业 □新型产业　　　□传统产业　　□其他
市场前景	顾客反映的情况： 竞争对象　优点： 　　　　　缺点： 　　　　　市场比例：

做好准备从现在开始创业吧!

1. 整理创业相关的政府举措

_____
_____
_____。

2. 办理创业的相关流程

_____
_____
_____。

3. 了解创业的详细架构

_____
_____
_____。

给自己规划一份提升自己创业能力的计划,填入下表。

创业能力	目标方向及市场	创业手段

在大学生活即将结束之际,创业与就业是摆在你面前的两道选择题,你将如何抉择?你对于创业的要求还有哪些是欠缺和需要完善的?

_____
_____
_____
_____
_____。

与刚进大三时相比而言，对于创业你有哪些更深刻的认识？通过更加深层次的自我剖析，根据市场现实情况来看，对于自身的创业计划是否要进行适当修改？

_____
_____
_____
_____
_____
_____。

心灵鸡汤

创业前，很多困难你都不会把它认为是困难，当它突然成为你的困难时，很多人会承受不了压力，就放弃了，这样的人一定是不能成功。——史玉柱

心语：在迈出自己想走的第一步时，总会遇到很多自己迈步前没有想象到的问题，当它们出现时，我们应该挺住压力，坚持下去。这样的我们才算拥有成功做事的心态，也不管我们开始创业的第一步到底有多艰难，只要我们抱着这样的心态去面对一切，我们终究会取得成功。

有些东西是绝对不能忘记的，比如挂科的记录，它会让你始终记得自己的差距；但也有些东西是必须要忘记的，又比如挂科的记录，因为只有忘记了，你的天空才能接纳新的色彩！

——李峻

第五章　规 划 未 来

第一节　那些年，我们一起走过的大学心路

时光如水，一去不返。曾记否，诸子同游，携手落雁。

今夕何夕，三载悠悠。观往昔，共同努力，期待明天。

青春的美好，青春的叛逆，青春的无限，青春的活力，我们曾经拥有过，离开后亦无悔。三年时光转瞬而逝，谨以此献给——那些年，我们一起走过的大学心路。

我的岭南情结
——记2012届毕业生刘楚楚同学在毕业典礼上的发言

尊敬的各位领导、老师，亲爱的同伴们：

大家早上好！我是2012级融资理财1班的刘楚楚，很荣幸有机会站在毕业典礼的舞台上，和大家分享我三年的岭南情结。现在让我们都好好看一下身边的人吧，就是这样一张张熟悉的面孔，构成了我们完整的大学生活。

还记得我们刚刚踏进岭南靠近我们耳朵的那枚体温计吗？那是岭南给我的第一份温暖。

还记得我们生日那天，手机收到的那条祝福信息吗？那是第二份温暖。

还记得那年中秋，我们一起走在后街感受到的那种大家庭的团圆吗？

那是第三份温暖。

还记得教师节，我们都在商量给老师送花的情形吗？那是第四份温暖。

还记得我们在冬日军训，从埋怨到最后哭红了眼舍不得教官离开的那天吗？那是第五份温暖。

还记得辅导员为我们辛劳奔波却从不放弃对我们的未来负责的承诺吗？

我喜欢收集生活中的温暖和感动，也因为这样我才发现原来我是多么的幸运。

很多人会问，三年的大学，我们究竟得到了什么？这似乎是每位大学生都该考虑的问题，你们的答案又是怎样的呢？

还没有踏进大学之前，我觉得大学可以让我学到新的知识与技能。大一，我觉得我应该得到更多相关专业的知识；大二，我觉得大学可以让我锻炼心智，解开心中的矛盾和困惑；大三，我庆幸自己得到了三年沉淀下来的感情和感动。到了现在，我们走上工作岗位，我才发现，我们迫切需要考虑的问题，不是"大学三年我们学到了什么"，而是"三年大学后我们可以奉献出什么"。同伴们，趁着我们还意气风发时候，不必斟酌太多得与失，能为别人付出更多，其实就是一种最满足的收获。

最后，我和大家分享于丹教授的一些话：运动中的东西才是永恒的，就像陀螺，转得越快就越稳，我们的世界都变得太快了，如果我们不能跟上就只能像静止的陀螺一样，慢慢地倒下。我也常常告诉自己，不要抱怨日子匆忙，我们的未来才刚刚开始，不能倒下，我们输不起的是时间，打从心里珍惜着每一天吧！相信我们的未来都很精彩，感谢大家！

分享了刘楚楚同学的岭南情结之后，你有同感吗？请跟随我们的脚步一起回顾一下你的岭南情结吧。

来到这片校园之前，想象大学生活是白色的。因为象牙塔是白色的，整个生活就好像它折射的光——纯净而自由。

大一的时候，觉得生活是橙色的。太多新生活扑面而来，新鲜而灿烂，热情而紧张。橙色的记忆里，有第一次见到知名教授的激动，第一次加入社团的好奇，第一次考试的紧张……

大二的时候，生活是绿色的，青春拔节生长，旺盛得像正在生长的树，梦想也一点点接近现实。跟老师讨论问题时，看见他脸上满意的微笑；跟老外对话时，给自己打了个满意的分数；开始熟悉校园里任何一处美食，也常常在BBS上待到很晚……

大三的时候，生活变成蓝色。我们冷静了下来，明白自己离未来究竟有多远，并要为此做出选择：出国，升本，还是工作。所有与这个决定相关联的一切都可能会变化，包括我们的爱情，那还年轻没经历过风雨的爱情。

> 最感动的一件事　　　　　　最有成就的一件事
> 最难忘的一件事　　　　　　最开心的一件事
> 最后悔的一件事　　　　　　最尴尬的一件事
> 　　写给我挚爱的母校　　　写给指引过我的辅导员老师
> 　　写给我可敬的老师　　　写给帮助过我的宿管老师
> 　　写给我可爱的同学　　写给岭南所有给予我帮助的人们

写给亲爱的自己

_____

_____

_____

_____

_____。

　　毕业，就像一个大大的句号，从此，我们告别了一段纯真的青春，一段年少轻狂的岁月，一个充满幻想的时代……记忆也同时从校园离开，收藏进内心的匣子，那是我们的流金岁月，也是我们的宝藏。

未来就像天空中一朵飘忽不定的云彩，而我们，从毕业这一天起，便开始了漫长的追逐云彩的旅程。明天是美好的，路途却可能是崎岖的，但无论如何，我们都有一份弥足珍贵的回忆，一种割舍不掉的友情，一段终生难忘的经历。

第二节 评估自我

从大学生到职业人——亲，你做好准备了吗？

一、大学生与职业人的差别

（一）角色的差别

学生与职业人的角色差别见下表。

序号	学 生	职业人
1	学校的主体，接受学校服务	职场的客体，为职场服务
2	行事简单直接	按规则做事，结果导向
3	松散的情感导向的合作	利益导向的合作

（二）环境的差别

大学文化与工作文化的差别见下表。

序号	大学文化	工作文化
1	比较有弹性的时间安排	更为固定的时间安排
2	同学们偶尔逃课不要紧	员工不可以旷工
3	更有规律、更加个别化的反馈	无规律和不经常的反馈
4	有长假和自由的节假日休息	没有暑假，节假日休息很少
5	要解决的问题常有标准式答案	要解决的问题很少有标准答案
6	教学大纲提供了清晰的学习任务	工作任务常比较模糊

续上表

序号	大学文化	工作文化
7	同学间围绕分数的个人竞争	员工间按团队业绩进行评估
8	工作循环周期较短,基本在20周内,常有班会或其他班级活动	工作循环时间长,可能持续数月、数年甚至更长时间
9	奖励以较客观的标准和优点为基础	奖励更多以较主观的标准和个人判断为基础

(三) 老师与老板的差别

大学老师与老板（上司）的差别见下表。

序号	大学老师	老板（上司）
1	一般鼓励讨论,欢迎发表不同看法	通常对讨论不感兴趣,更关心执行
2	规定完成任务的交付时间,而且通常宽容延迟交付者	常分派紧急的工作,交付周期很短,对不能按期完成者常伴有不满甚至给予处罚
3	通常尽量公平地对待所有同学	许多老板经常很独断,并不总是公平
4	知识导向	结果（利益）导向

(四) 学习过程的差别

大学的学习过程与工作的学习过程的差别见下表。

序号	大学的学习过程	工作的学习过程
1	抽象性、理论性色彩重	解决问题的具体方法和决策的制定
2	正规化、制度化、结构性和象征性的学习	以工作中发生的临时事件和具体真实的生活为基础
3	个人化的学习	社会性、分享性的学习

化蛹成蝶

【活动目标】让你了解跨出学校校门后,要尽快适应从学生到工作者的转变。

【活动流程】步骤1:使用角色模型,将自己的名字写在中间,然后填上你希望的角色,并记下你对每一个角色的渴望和感受。

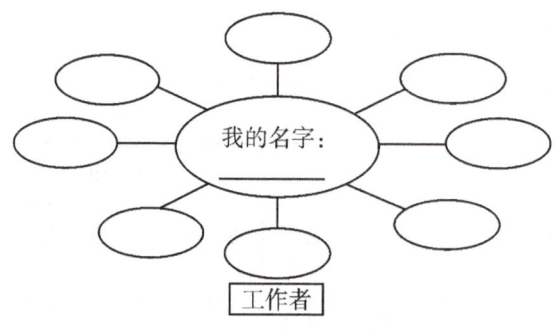

步骤2:请列出一份备忘录,以便随时提醒自己在未来的职业生涯之路上可能会面临的艰难险阻,以及要如何克服。

(1) 可能面临的困难:

_____
_____
_____
_____。

(2) 如何克服困难:

_____
_____
_____。

总结评估：

_____
_____
_____
_____
_____。

二、大学生尽快完成角色转化的途径

许多毕业生走上岗位以后，对新环境产生诸多不适应，主要表现在心理上、生活上、工作上、人际关系上和工作技能上。任何人对环境都有一个适应过程，怎样尽快适应新环境呢？

（一）心理适应

心理适应关键在于发挥自身健康的心理机能——整体协作意识、独立工作意识和创造意识。一般新人刚跨上职场总是从基层做起。俗话说，"良好的开端是成功的一半"。你首先要学会心理适应。要克服以下五个心理：①对学生角色的依恋心理；②观望等待的依赖心理；③苦闷压抑的孤独心理；④眼高手低的自傲心理；⑤见异思迁的浮躁心理。学会适应艰苦、紧张而又有节奏的基层生活。你缺少基层生活经历，可能不习惯一些制度、做法，这时你千万不要用你的习惯去改变环境，而是要学会入乡随俗，适应新的环境。在这个阶段，培养出你的整体协作意识、独立工作意识和创造意识。

（二）生理适应

既然步入了职场，就已经从一个学生转换成了一个职业人。原来的许多生活习惯就都得改变。也许在学校的时候，喜欢睡懒觉，经常上课迟到或者频繁地来些"贵恙"。在读书期间，这也许不会带来什么严重的后果，可是，在工作期间，如果你犯些什么懒病、娇病、馋病，都可能给你带来非常严重的后果。所以，请你为了自己的职业前途调整生活规律。当然，让你调整规律并非要求你成为一个机器人，有些事你可以自己灵活决定是否需要调整，这主要根据你的工作环境与公司文化。

（三）岗位适应

年轻人容易将事情看得简单而理想化。在跨出校门之前，初出校门的大学生都对未来充满憧憬，不能迅速适应新环境，大多与其事先对新岗位认识不足，不切实际有关。当他们按照这个过高的目标接触现实环境时，许多所谓的"现实所迫"让他们在初入职场时就走了弯路，以致碰壁了还莫名其妙，不知所措。这往往会让新人产生一种失落感，感到处处不如意、事事不顺心。原因就在于，他们都没有一个职业角色的意识，并不真正了解自己能做什么，该往哪方面发展，以至于频繁跳槽。而如果新人可以为自己制订一份良好的职业规划，明确自己的职业目标是什么，在职场中自己该扮演什么角色，该怎样强化自己的职业，并且在这个行业奋斗下去，自然会有较好的发展。因此，毕业生在踏上工作岗位后，要能够根据现实的环境调整自己的期望值和目标。

（四）知识技能适应

刚入职的大学生的文凭可能要比单位里一些前辈的高，但是经常会出现这样的情况：刚刚工作的学生什么都不会。因为在学校的时候，他们比较注重学习理论知识。然而，职场更注重的是动手能力和累积的经验。因此，职场新人们要投入到再学习中。这种学习是一种见机行事，是让你适应工作中的知识技能。正所谓干到老学到老。竞争在加剧，学习不但是一种心态，更应该是一种生活方式。当今时代，实力和能力的竞争将更加激烈。谁不学习，谁就不能提高；谁不会创新，谁就会落后。同事、上级、客户、竞争对手都是老师。谁会学习，谁就能成功，就能使自己的职业岗位的智能机构更加完善。善于学习，既能增强自己的竞争力，也能增强企业的竞争力。

（五）人际关系适应

与象牙塔里单纯的人际关系不同，踏入了职场，人际关系也相应复杂了起来。刚走上工作岗位的新人最容易犯的毛病是过于高傲。请把姿态放低一点，恰当的礼貌往往会赢得好感。无论对领导还是同事都要彬彬有礼。同时，在单位里努力工作，适当表现自己，最大限度地得到老板和同事的认可，在"论功行赏"时应谦虚、大方得体展现一个新人的宽广胸怀，赢得职场人缘。千万不要居功自傲，老板都讨厌自己的下属居功自傲，擅作主张，更不能忍受自己的下属对自己指手画脚。进入社会，不妨把自己的棱角磨得圆滑一点。

如果真正能够注意并做到上述五种适应,那么,虽然你还是新人,但是已经能够胜任你的工作岗位,并且会给你的老板和同事留下很好的印象。

一次"拒订盒饭"引发的"吐槽"[①]
——元芳,你怎么看?

第一批"90后"大学生开始走向职场,实习是他们接触社会的第一步。网友在微博上讲述了一起实习生"拒订盒饭"事件:在一次电视台策划会上,主任对一名实习生说,麻烦你开完会给大家订盒饭,按人头,我请客。结果该实习生认真地说:"对不起,我是来实习导演的,这种事我不会做的。"这条微博被多次转发并引起人们对"90后"这个群体的热议。不少网友纷纷跟帖"吐槽"身边的"90后"实习生:不懂礼貌、太自我、目的性强、不会与人相处……不少"90后"很不服气:"人人平等,你们的观念有问题!"

一、"90后太娇气,工作缺乏主动性"

"我们公司新来一批'90后'大学生,工作上主动性太差,眼里没活儿。"某民营企业集团人力资源部部长抱怨:"他们工作能力非常一般,平时订餐、倒茶这些生活小事,他们还能做,但太被动,不会积极主动帮同事干活,只要老板不吩咐,他们就闲着。"

蔡先生工作近十年,他带过不少实习生。他说:"无论干啥,都要有积极的心态。我带过的'90后'实习生,或多或少的确有些娇气。今年年初,我带了一个大二的男生,有一次我们出去采访了一天,回到报社,我给实习生钱让他去楼下的小卖部帮忙买些零食。结果他说太累了,不想去。报社里有电梯,而且小卖部就在大厦的一楼,连门都不用出,现在的'90后'也太娇气了。"

---

① 参见佚名《一次"拒订盒饭"引发的"吐槽"》,见大河网 - 大河报(http://edu.dahe.cn/2012/11 - 19/101759210.html),有改动。

二、面对多方指责,"90后"有话说

"90后"女孩"爱吃骨头的猫猫咪"说:"没必要一下子拍死全部'90后',实习就是实习。上个月,我被不认识的老师指使拿个快递,我心里愤怒呀!我又不认识你,我已经下班了,这是你的快递不是我的……不是说'90后'就这个不行那个不行,我们只是想表达我们自己的想法。"

王云飞,河南理工大学广告学专业大三学生,他在

焦作的一家网络媒体实习,其间,他"啥活都干,何止是订盒饭这种小事"。他说:"职场新手不能轻狂自大,一屋不扫何以扫天下?"

河南农业大学大二的学生林兴武今年19岁,他说:"与人方便,才能自己方便,即使不是实习生,帮人家买盒饭也应该。更何况还是上司请客。刚入职场该谦虚一点。"

三、订盒饭事虽小,一样锻炼人

郑州大学广播电视新闻学专业大四的学生"90后"的陈鹏正在电视台实习。他说:"到电视台不能只学编导、剪辑,而学习如何做人更需从做小事中汲取经验。岗位是你施展才能的平台,要想发挥才能,就要先好好完成所有任务。"

河南理工大学广告学专业大四的学生"90后"的杨福磊:"每天到新闻社办公室拖地、擦桌子、送文件已经习惯了。你只学你想学的,问题是谁来教你?谁愿教你?"

"90后"大学生王凤一说:"从小父母就教育我,无论工作、学习都要勤劳。一个人要全面发展,与专业无关的事情可以锻炼你的其他能力。"

四、HR经理解读如何看待此事件

人力资源的负责人或者人事经理告诉大家:其实订盒饭不仅仅是一个盒饭那么简单,它是你融入集体的先遣军,是你观察集体的放大镜,也是让集体认可你能力的导电棒。

别不相信,一个盒饭能看出你的能力。

实习生觉得订盒饭是打杂,是做了后勤大妈或者茶水小妹们应该做的

活。而浙江面面俱到信息公司的人事行政管理中心负责人梅法平说："无论在社会上哪个岗位摔摔打打工作一年，就不会有这种想法了。"

在钱江晚报的 HR 经理沙龙里，很多资深人事经理从另一个角度解说了"盒饭"，其实一个盒饭，不但能让一个新人看出领导的个性，也能让领导衡量出实习生的能力。比如，新人可以从领导订宵夜的档次判断公司的收入情况、大家的消费水平。喜欢豪迈请宵夜的领导，通常是爱热闹、愿意分享的领导，跟着他虽然不一定有肉吃，但是该给你喝的汤，一定不会少了你的。如果是按每个人口味订制个性宵夜，你可以从饭菜口味得知谁是哪里人；能看出谁点餐时最纠结，想要这个又想要那个。如果是统一款的盒饭，你可以看看谁会在盒饭里挑卖相最好的，这个人追求细节，也许会比较计较；而最后一个拿走有点破损的盒饭的人，往往个性比较大大咧咧。而有心的人，也会从订盒饭解读一个实习生：会不会找最便宜的饭店、有没有注意到天冷了加一杯热饮或者为大家装好例汤……如果有一天你离开了，大家都哀叹再也吃不到那么好吃、精致、快捷的夜宵了，那么，恭喜你，从一个盒饭开始，你逐渐走进了一个团队的内心！

用功打杂，也可以打出一片天

看不起打杂？觉得订盒饭和当导演没关系？你或许忘记了不少名导演都是从摄影助理等职位开始起步的影视圈励志故事。没有一种工作是必然被割裂的，打杂也需要有颗七窍玲珑心。"我工作 13 年，有一半时间做会计，如果不打杂，我现在会是个二流会计，而不是一个一流人事经理。"梅法平说了自己的故事，"我毕业分配时做会计，我属于算着算着就会算错、效率比人家低的那种人，但我文字功底好，每个部门都会有点发通知、写公文的杂活，惯例是给新人做的杂事，我非常用心，做得比专业文员都好，让领导发现我总结写得好，是个人才，就调我到办公室，后来管人事，水到渠成到了能发挥我优势的岗位。"而另一位集团中层阿虎，当初是靠找档案起家的。"我当时在集团下属的一个小公司打工，公司刚被收购，很多工商、财务、管理档案缺失，有时候领导需要一份文件，我要找两天，从一个科室找到另一个科室，找离职的员工，翻资料，用各种办法，比柯南还精细。但是人家找不到的文件，我都能找到，领导觉得我不错，接着我又做了一套档案管理流程给领导看，结果直接就被总部采纳，我也入了集团领导的眼。"阿虎随后的职业生涯是三年连跳三级。

心要沉下来，谦卑会让你加分

浙江外服 HR 经理过泓说了两句送给实习生的金玉良言：第一，只有服务好同事，才能让人相信你有能力服务好客户；第二，一个团队里，挑事情做的人永远做不了你想做的事情。

加分因素：谦卑；减分因素：挑剔。

"实习生不愿意订饭盒，这样挑肥拣瘦地做事，会让大家贴一个'难弄'的标签在你身上，下次就不会有人叫你做事，这个从来都是职场的明规则。"过泓说："如果你在乎这份工作，那么，请你把心沉下来，认认真真地做事。"

阅读完上述材料，你有何感想？下面根据你的实际情况，进行职业成熟度①测试，请对下列陈述选择适当的选项。

得分 陈述	很赞同 5	赞同 4	难以判断 3	不赞同 2	很不赞同 1
1. 我知道我的条件适合从事什么职业					
2. 我会搜集有关职业选择的参考资料					
3. 我清楚一些职业的薪水待遇					
4. 我对未来充满信心					
5. 我会利用时间读一些与未来工作有关的书					
6. 我的工作能力不比其他人差					
7. 当我的学习碰到困难时，我会想办法解决					

---

① 参见职业发展中心《职业成熟度自我测试量表》，见上海交通大学安泰经济管理学院网（http://www.acem.sjtu.edu.cn/BC/b0.jsp?OID=2-242827&no=14&nodecode=zyfz.wjxz&bar=）。

续上表

陈　　　述 \ 得　分	很赞同 5	赞同 4	难以判断 3	不赞同 2	很不赞同 1
8. 我会向朋友打听有关职业的消息					
9. 我能够冷静沉着地判断事物					
10. 选择工作时，首先应该考虑自己的兴趣					
11. 我会留意国际经济发展的趋势					
12. 找工作时，只要听取专家的意见就对了					
13. 我会在自觉的能力范围内，选择自己感兴趣的职业					
14. 自己感兴趣的工作，就算薪水不高，我也愿意做					
15. 我会注意报纸、杂志上相关职业的报道					
16. 我难以自己作决定					
17. 我确定我有能力从事自己有兴趣的职业					
18. 我知道现在社会上最需要的是什么人才					
19. 我怀疑自己选择职业的能力					
20. 我会保存有用的职业材料					
21. 我对自己很有信心					
22. 找不到第一志愿的工作，我乐于接受第二或第三志愿的工作					
23. 我会直接向公司或工厂索取相关的职业资料					
24. 我认为选择工作的时候，有必要考虑外在环境的影响					

续上表

得分 陈述	很赞同 5	赞同 4	难以判断 3	不赞同 2	很不赞同 1
25. 事情决定后，通常我不会轻易后悔					
26. 我勇于表达自己的看法					
27. 我会注意媒体报道的职业消息					
28. 由于技术变化太快，就业前不必有太多的准备					
29. 薪水高又不必负责任的工作最好					
30. 我会将各种相关职业的资料加以分类、整理					
31. 我会尽可能选择和自己专业有关的职业					
32. 选择职业时，我会优先考虑声望较高的职业					
33. 我会留意相关职业的发展动向					
34. 选择工作时只要瞄准市场上最热门的工作就对了					
35. 我对许多工作，好像都有兴趣，又好像都没兴趣					
36. 我不清楚我感兴趣的职业需要哪些专业能力					
37. 靠工作收入养活自己比较有尊严					
38. 我抱着随时换工作的心态					
39. 从事一种职业，成不成功全靠机遇，不必考虑太多					

续上表

得分 陈述	很赞同 5	赞同 4	难以判断 3	不赞同 2	很不赞同 1
40. 我清楚一些职业的发展机会					
41. 我知道我的条件不应该从事什么职业					
42. 我清楚一些职业的工作环境					
43. 我会列出我有兴趣的所有工作，作为职业选择的参考					
44. 我实在很难决定自己要做什么工作					
45. 找到工作时，我会优先考虑薪水多少，再考虑有没有发展空间					
46. 每一个人要从事什么职业都是命中注定的					
47. 我不清楚我从事有兴趣的职业应该具备什么条件					
48. 想到选择工作就让我烦恼					
49. 我不了解为什么有些人能够那么确定自己的职业兴趣					
50. 我知道现在哪种行业最不容易找到工作					
51. 没有家人、朋友的支持，我自己实在很难选定一种合适的工作					

评分提示：对应的积分题目序号如下表所示，按照题号把每题的得分加起来（题号中有"-"的反向计分）就是每一方面的成熟度的总分，总分除以题目数就是每一方面成熟度的平均分。

结果分析：平均分最低为1分，最高为5分。一般而言，低于3分，就是欠成熟的；高于3分，则是较成熟的。

成熟度指标	题　号						总分	平均分
信息应用	2	5	8	20	23	30		
职业认知	3	18	-36	40	42	43		
自我认知	4	6	10	17	-35	-49		
个人适调	7	11	15	27	33	-38		
职业态度	-12	21	-28	-39	-46	-51		
价值观念	13	14	31	-29	32	37	-45	
职业选择	9	-16	-19	25	26	-44	-48	
条件评估	1	22	24	-34	41	-47	50	

职场新人必知的职场生存法则

一、保持不断学习的心态

学无止境，只有会不断学习的人，才不会被社会淘汰；在社会飞速发展的今天，固有的知识很快就会变得陈旧，一文不值，领导都希望手下的人能一人多用，全才一点，只会一门技术活永远只能是技工，不会有长远发展的；所以一定要在工作的同时不断地学习，让自己的专业知识不断提高，多多吸收非专业知识，提高自己的能力。

二、永远不要把责任推给运气、命运

不要老是抱怨上天不公、别人对自己不公，把事业中的任何一件倒霉事儿都赖在命运身上。制定一个自己的人生目标，平时没事的时候多多搜集这一方面的信息，机会是给那些有准备的人的。

三、保持你的人际关系的和谐

与同事相处越融洽，工作就会做得越顺利。在办公室里，要学会包容各种不同个性的存在，这样会让你与同事之间的摩擦减少，合作起来也会相对愉快。

四、敢于向上司表明你的想法

别等着上司主动找你谈关于你的工作表现和他的期望的事。你得自己时常做个人回顾和检查，弄清楚自己到底干得怎么样，是否符合上司对你的期望。

五、向可信赖的人取经

任何人的智慧都是不可替代的。多接近那些拥有很多你所需要的专业技能以及犀利眼光的人。这个人不一定要既完美又有影响力，只要是一个可以帮助你进步的人就足够了。

六、为你的工作和生活寻找平衡点

只知道整天埋头工作不懂生活的人一定不会成功。因为如果你没有办法平衡工作和私人生活，你很快就会垮掉的。和老板之间的人情债你得算清楚，可不要让工作凌驾于你的人生之上。

七、保持激情

爱一行才能干一行。如果你对一项工作没有激情的话，你常常会发现自己找不到时间去做这项工作，因为你的时间都在抱怨、烦恼中浪费掉了。如果有机会，尽可能找到你最喜欢的职业，让你的激情得以延续，也可以让你的个人价值得以实现。

八、学会娱乐

要学会在忙碌中放松自己，多跟周围同事交流，在你困难的时候，最近的帮助往往是最及时的。

第三节　我的未来我作主

> 生涯名言：抓住每一次
> 每一次困惑都提示要学习新知识，每一次无奈都督促提高沟通能力
> 每一次心悸都期待提高心理素质，每一次迷茫都预示可能增加经验
> 每一次失误都可能提供进步机会，每一次冲突都提醒调整价值观念
> 每一次情绪波动都是机会在敲门

大学生想让自己的职场发展顺利,需要不断提升良好的适应能力,比如建立与强化自己的职业角色意识,调整生活规律,尽快完善职业岗位的智能结构,建立良好的人际关系,掌握职场生存的法则,破解快乐工作的秘诀等。除此之外,我们还需要为自己做好职业生涯规划。职业生涯是立体、动态的,生涯管理是需要一辈子去投入的艺术。在你生命的不同时期,你可能需要反复地进行这样的探索和规划。

一、职业生涯规划的分类

职业生涯规划按照时间的长短,可分为人生规划、长期规划、中期规划与短期规划四种类型,具体见下表。

类型	定义及任务
人生规划	整个职业生涯的规划,时间长至40年左右,设定整个人生的发展目标。如规划成为一个有数亿元资产的公司董事
长期规划	5～10年的规划,主要设定较长远的目标。如规划30岁时成为一家中型公司的部门经理,规划40岁时成为一家大型公司副总经理,等等
中期规划	一般为2～5年内的目标与任务。如规划到不同业务部门做经理,规划从大型公司部门经理到小公司做总经理,等等
短期规划	2年以内的规划,主要是确定近期目标,规划近期完成的任务。如对专业知识的学习,2年内掌握哪些业务知识,等等

二、个人因素对职业选择的影响

(一)性格与职业

人的性格千差万别,或热情外向,或羞怯内向,或沉着冷静,或火爆急躁。职业心理学研究表明,不同的职业有不同的性格要求。虽然每个人的性格都不能百分之百地适合某项职业,但却可以根据自己的职业倾向来培养、发展相应的职业性格。不同性格特征的人员,对企业而言,决定了每个员工的工作岗位和工作业绩;对个人而言,决定着自己的事业能否成功。近年来,一些教育学、心理学研究人员根据我国的实际情况,将职业性格分为九种基本类型,见下表。

类 型	特 征	适合的职业
变化型	在新的和意外的活动或工作情境中感到愉快,喜欢有变化的和多样化的工作,善于转移注意力	记者、推销员、演员
重复型	适合连续从事同样的工作,按固定的计划或进度办事,喜欢重复的、有规律的、有标准的工种	纺织工、机床工、印刷工、电影放映员
服从型	愿意配合别人或按别人指示办事,而不愿意自己独立做出决策,承担责任	办公室职员、秘书、翻译
独立型	喜欢计划自己的活动和指导别人的活动或对未来的事情做出决定,在独立负责的工作情境中感到愉快	管理人员、律师、警察、侦察员
协作型	在与人协同工作时感到愉快,善于引导别人,并想得到同事们的喜欢	社会工作者、咨询人员
机智型	在紧张和危险的情况下能自我控制沉着应付,发生意外和差错时不慌不忙出色地完成任务	驾驶员、飞行员、公安员、消防员、救生员
自我表现型	喜欢表现自己的爱好和个性,根据自己的感情做出选择,能通过自己的工作来表现自己的思想	演员、诗人、音乐家、画家
严谨型	注重工作过程中各个环节、细节的精确性。愿意按一套规划和步骤工作,尽可能做得完美,倾向于严格、努力地工作以看到自己出色完成工作的效果	会计、出纳员、统计员、校对员、图书档案管理员、打字员
劝服型	通过谈话或写作等使别人同意自己的观点,对别人的反应有较强的判断力,并善于影响别人的态度和观点	辅导员、行政人员、宣传工作者、作家

绝大部分职业都同时与几种性格类型特点相吻合,而一个人也都同时具备几种职业性格类型的特点。在实际的吻合过程中,应根据个人的性格与职业的要求,具体情况具体处理,不能一概而论。

(二)兴趣与职业

兴趣对人生事业的发展至关重要,所以兴趣自然是职业选择应考虑的重要因素之一。为便于大家根据自己的兴趣，选择合适的职业，这里介绍一下加拿大职业分类词典中各种职业兴趣类型的特点与相应的职业，见下表。

类型	类型特征	适合的职业
1	愿与事物打交道，喜欢接触工具、器具或数字，而不喜欢与人打交道	制图员、修理工、裁缝、木匠、建筑工、出纳员、记账员、会计、勘测、工程技术、机器制造等
2	愿与人打交道，喜欢与人交往，对销售、采访、传递信息一类的活动感兴趣	记者、推销员、营业员、服务员、教师、行政管理人员、外交联络等
3	愿与文字符号打交道，喜欢常规的、有规律的活动。习惯于在预先安排好的程序下工作，愿干有规律的工作	邮件分类员、办公室职员、图书馆管理员、档案整理员、打字员、统计员等
4	愿与大自然打交道，喜欢地理地质类的活动	地质勘探人员、钻井工、矿工等
5	愿从事农业、生物、化学类工作，喜欢种养、化工方面的实验性活动	农业技术员、饲养员、水文员、化验员、制药工、菜农等
6	愿从事社会福利类的工作，喜欢帮助别人解决困难，这类人乐意帮助人，试图改善他人的状况，帮助他人排忧解难，喜欢从事社会福利和助人工作	咨询人员、科技推广人员、教师、医生、护士等
7	愿做组织和管理工作，喜欢掌管一些事情，以发挥重要作用，希望受到众人尊敬和获得声望，愿做领导和组织工作	组织领导管理者，如行政人员、企业管理干部、学校领导和辅导员等
8	愿研究人的行为和心理，喜欢谈涉及人的主题，对人的行为举止和心理状态感兴趣	心理学、政治学、人类学、人事管理、思想政治教育研究工作以及教育、行为管理工作、社会科学工作者、作家等

续上表

类型	类型特征	适合的职业
9	愿从事科学技术事业,喜欢通过逻辑推理、理论分析、独立思考或实验发现和解决问题,喜欢推理的、测试的活动,善于理论分析,能独立解决问题,也喜欢通过实验做出新发现	生物、化学、工程学、物理学、自然科学工作者、工程技术人员等
10	愿从事有想象力和创造力的工作。喜欢创造新的式样和概念,大都喜欢独立地工作,对自己的学识和才能颇为自信。乐于解决抽象的问题,而且急于了解周围的世界	社会调查、经济分析、各类科学研究工作、化验、新产品开发,以及演员、画家、创作或设计人员等
11	愿做操作机器的技术工作,喜欢通过一定的技术来进行活动,对运用一定技术操作各种机械制造新产品或完成其他任务感兴趣,喜欢使用工具特别是大型的、马力强的先进机器,喜欢具体的东西	飞行员、驾驶员、机械制造等
12	愿从事具体的工作,喜欢制作看得见摸得着的产品并从中获得乐趣,希望很快看到自己的劳动成果,并从完成的产品中得到满足	室内装饰、园林、美容、理发、手工制作、机械维修、厨师等

根据这种分类,一种兴趣类型可以对应许多种职业,而每一种职业往往又都同时具有其中几种类型的特点,假如你要成为一名护士,那你就应具备愿与人打交道(类型2)、愿热心助人(类型6)、愿做具体工作(类型12)这三个兴趣类型的特点;如果你对其中的某一方面缺乏兴趣,那就应努力培养和发展这方面的兴趣以适应护士的职业要求,否则,还是选择更适合你兴趣类型的职业为好。

三、能力与职业

人们的能力可分为一般能力和特殊能力两大类。一般能力通常又称为智力，包括注意力、观察力、记忆力、思维能力和想象力等，一般能力是人们想要顺利完成各项任务所必须具备的一些基本能力。特殊能力是指从事各项专业活动的能力，也可称特长，如计算能力、音乐能力、动作协调能力、语言表达能力、空间判断能力等。由此可见，能力是一个人完成任务的前提条件，是影响工作效果的基本因素。因此，了解自己的能力倾向及不同职业的能力要求对合理地进行职业选择具有重要意义。能力不同，对职业选择就有差异。从能力差异的角度来看，在职业选择时应遵循以下原则。

（一）注意能力类型与职业相吻合

从能力差异的角度看，人的能力类型是有差异的，即人的能力发展方向存在差异。职业种类的研究表明，职业也是可以根据工作的性质、内容和环境而划分为不同类型的，并且对人的能力也有不同的要求，因而应注意能力类型与职业类型的吻合。能力水平要与职业层次一致或基本一致。充分发挥优势能力的作用。每个人都具有一个多种能力组成的能力系统，每个人在这个能力系统中，各方面能力的发展是不平衡的，应主要考虑其最佳能力，选择最能发挥其优势能力的职业。

（二）注意一般能力与职业相吻合

一般能力包括注意力、观察力、记忆力、思维能力和想象力等。不同的职业对人的一般能力的要求不同，有些职业对从业者的智力水平有绝对的要求，如律师、工程师、科研人员、大学教师等都要求有很高的智商。智力在相当大的程度上决定着其所从事的职业类型。

（三）注意特殊能力与职业相吻合

特殊能力是指从事某项专业活动的能力，也可称特长，如计算能力、音乐能力、动作协调能力、语言表达能力、事务能力、空间判断能力、形态知觉能力、手指灵活度与灵巧度等。要顺利完成某项工作，除要具有一般能力外，还要具有该项工作所要求的特殊能力。如从事教育工作需要有阅读能力和表达能力；从事数学研究需要具有计算能力、空间想象能力和逻辑思维能力。如法官就应具有很强的逻辑推理能力，却不一定要很强的动手能力;而建筑工应有一定的空间判断能力,却不需要良好的语言表达能力。

下表是国外一些学校在对学生进行职业指导时常采用的职业能力倾向的成套测验中的一部分。此表虽不一定完全符合中国国情,却可以由此大致了解有关职业的能力倾向要求。

部分职业与其所需职业能力的标准

职 业	一般学习能力	语言能力	算术能力	空间判断能力	形态知觉	书写能力	运动协调	手指灵活	手的灵巧
建筑师	强	强	强	强	较强	一般	一般	一般	一般
律师	强	强	一般	较弱	较弱	一般	较弱	较弱	较弱
医生	强	强	较弱	强	较弱	一般	较强	较强	较强
护士	较强	较强	一般	一般	一般	一般	一般	一般	一般
演员	较强	较强	较弱	一般	较弱	较弱	较弱	较弱	较弱
秘书	一般	一般	一般	较弱	一般	较强	较弱	较弱	较弱
统计员	一般	一般	一般	较弱	一般	较弱	较弱	较弱	较弱
服务员	一般	一般	较弱	较弱	较弱	较弱	较弱	较弱	较弱
驾驶员	一般	一般	较弱	一般	一般	弱	一般	一般	一般
纺织工	较弱	较弱	较弱	较弱	一般	弱	一般	一般	一般
机床工	一般	较弱	较弱	一般	一般	较弱	一般	较弱	一般
裁缝	一般	一般	较弱	一般	一般	较弱	一般	较强	一般

四、影响职业生涯的环境因素

(一) 社会环境

1. 经济发展水平

在经济发展水平高的地区,企业相对集中,优秀企业也比较多,个人职业选择的机会就比较多,因而就有利于个人职业发展;反之,在经济落后地区,个人职业发展也会受到限制。

2. 社会文化环境

社会文化环境包括教育条件和水平、社会文化设施等。在良好的社会文化环境中,个人能受到良好的教育和熏陶,从而为职业发展打下更好的基础。

3. 政治制度和氛围

政治和经济是相互影响的,政治不仅影响一国的经济体制,而且影响企业的组织体制,从而直接影响个人的职业发展;政治制度和氛围还会潜移默化地影响个人的追求,从而对职业生涯产生影响。

4. 价值观念

一个人生活在社会环境中,必然会受到社会价值观念的影响,大多数人的价值取向,甚至都是为社会主体价值取向所左右的。一个人的思想发展、成熟的过程,其实就是认可、接受社会主体价值观念的过程。社会价值观念正是通过影响个人价值观而影响个人的职业选择。

(二) 组织环境

1. 企业文化

前面我们已经提到过,企业文化决定了一家企业如何看待它的员工,所以,员工的职业生涯是为企业文化所左右的。一家主张员工参与管理的企业显然比一家独裁的企业能为员工提供更多的发展机会;渴望发展、追求挑战的员工也很难在论资排辈的企业中受到重用。

2. 管理制度

员工的职业发展,归根到底要靠管理制度来保障,包括合理的培训制度、晋升制度、考核制度、奖惩制度等。企业价值观、企业经营哲学也只有渗透到制度中,才能得到切实的贯彻执行。没有制度或者制度制定得不合理、不到位,员工的职业发展就难以实现,甚至可能流于空谈。

3. 领导者素质和价值观

一家企业的文化和管理风格与其领导者的素质和价值观有直接的关系,企业经营哲学往往就是企业家的经营哲学。如果企业领导者不重视员工的职业发展,这家企业的员工也就没有希望了。

职业生涯影响因素的关系可概括为知己、知彼、抉择,见下图。

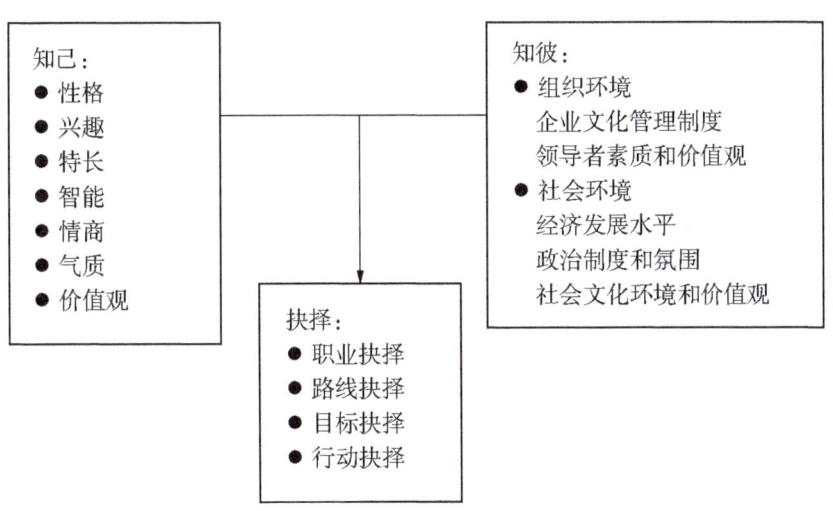

生涯人物访谈

生涯人物访谈是一种职业探索活动。通过访谈，了解该职业岗位的实际工作情况，获取相关职业领域的信息，了解职业发展途径，进而判断你是否真的对该工作感兴趣，实际上是一次间接、快速的职业体验。

要求：对与本专业相关的以下三种生涯人物类别中的其中一类进行访谈：①职场人士；②已毕业或即将毕业的优秀师兄师姐；③专业老师。以小组形式完成，每组人员不超过5人；采访有一定逻辑结构，内容需与专业学习、生涯规划结合；采访时间不少于30分钟。以视频或音频录制采访过程（需附上字幕或者文字）。视频、音频需经过剪接、处理。

附：生涯人物访谈问卷
一、访谈目的
二、被访人基本情况
姓名：_____ 性别：_____ 联系方式：_____
毕业时间：_____ 毕业院校：_____ 所学专业：_____
现工作单位：_____ 现任职务：_____

三、访谈内容

1. 您是如何找到这份工作的？主要职责是什么？
2. 对于这份工作，您最喜欢它的是什么？最不喜欢的又是什么？对生活有怎样的影响？
3. 在这份工作中您通常每天都做什么？
4. 这种职业需要什么样的技能和其他能力？有什么要求？
5. 目前这一行业类似岗位的薪酬水平如何？
6. 您目前的职位是什么，是如何获得这个职位的？
7. 您通过什么渠道提升自己？至今为止您参加过哪些培训和继续教育？
8. 您对自己现在所在的行业有什么看法？
9. 您在从事这工作之前在哪些单位，干过哪些工作？
10. 我现在可以通过什么方式提高哪些技能或素质，以便日后能进入这一行业？
11. 就您知道的情况而言，我的专业课可以进入哪些领域工作？
12. 您对自己目前的工作是否满意？
13. 您能给我一些学习或就业方面的建议吗？
14. 您能帮我推荐其他的一些业内人士吗？我想采访他们。

四、访谈总结

1953年，耶鲁大学曾对毕业生做过一次调研，就目标对人生的影响进行过一项长达25年的跟踪研究，研究对象在智力、学历等其他条件上都差不多。27%没有目标的人生活在社会最底层，生活过得很不如意；60%目标模糊的人生活在社会的中下层，并无突出成就；10%有清晰但较短期目标的人生活在社会的中上层，在各自所在的领域里取得了相当的成就；3%有清晰且长期目标的人成为各领域顶尖人士。

五、制订职业生涯规划的步骤

（一）自我评估

自我评估是对自己做出全面分析，主要包括对个人的需求、能力、兴趣、性格、气质等的分析，以确定什么样的职业比较适合自己和自己具备哪些能力。

（二）组织与社会环境分析

组织与社会环境分析是对自己所处的环境的分析，以确定自己是否适应组织环境/社会环境的变化，以及怎样来调整自己以适应组织和社会的需要。短期规划比较注重组织环境的分析，长期规划需要更多地注重社会环境的分析，见下图。

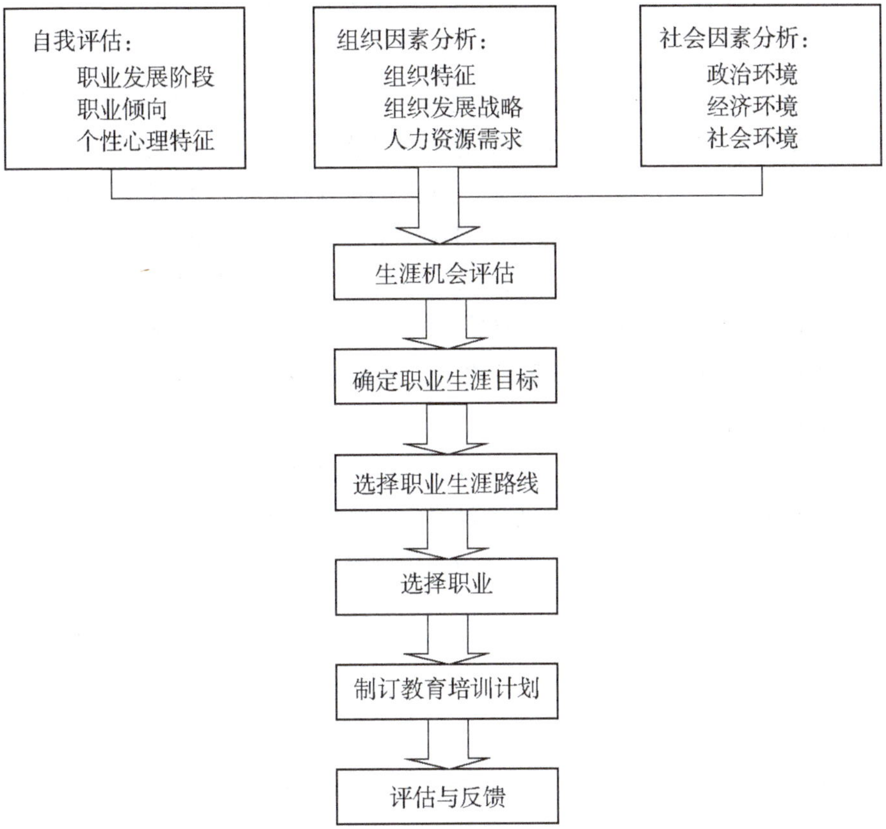

```
┌─────────────────┐  ┌─────────────────┐  ┌─────────────────┐
│ 自我评估：       │  │ 组织因素分析：   │  │ 社会因素分析：   │
│   职业发展阶段   │  │   组织特征       │  │   政治环境       │
│   职业倾向       │  │   组织发展战略   │  │   经济环境       │
│   个性心理特征   │  │   人力资源需求   │  │   社会环境       │
└─────────────────┘  └─────────────────┘  └─────────────────┘
                            ↓
                     ┌──────────────┐
                     │ 生涯机会评估 │
                     └──────────────┘
                            ↓
                     ┌──────────────────┐
                     │ 确定职业生涯目标 │
                     └──────────────────┘
                            ↓
                     ┌──────────────────┐
                     │ 选择职业生涯路线 │
                     └──────────────────┘
                            ↓
                     ┌──────────┐
                     │ 选择职业 │
                     └──────────┘
                            ↓
                     ┌──────────────────┐
                     │ 制订教育培训计划 │
                     └──────────────────┘
                            ↓
                     ┌────────────┐
                     │ 评估与反馈 │
                     └────────────┘
```

（三）生涯机会的评估

生涯机会的评估包括对长期的发展机会和短期的发展机会的评估。通过对社会环境的分析，结合本人的具体情况，评估有哪些长期的发展机会；通过对组织环境的分析，评估组织内有哪些短期的发展机会。通过职业生涯机会的评估可以确定职业和职业发展目标。

（四）职业生涯目标的确定

职业生涯目标包括人生目标、长期目标、中期目标与短期目标，它们分别与人生规划、长期规划、中期规划和短期规划相对应。一般，我们首先根据个人的专业、性格、气质和价值观以及社会的发展趋势确定自己的人生目标和长期目标，然后再把人生目标和长期目标进行分化，根据个人的经历和所处的组织环境制定相应的中期目标和短期目标。

（五）制订行动方案

在确定了以上各种类型的职业生涯目标后，就要制订相应的行动方案来实现它们，把目标转化成具体的方案和措施。这一过程中比较重要的行动方案有职业生涯发展路线的选择、职业的选择、相应的教育和培训计划的制订。职业生涯规划5W法则从问自己是谁开始，顺着问下去，共5个问题："你是谁？（Who are you？）"，"你想干什么？（What you want？）"，"你能干什么？（What can you do？）"，"环境允许你干什么（What can support you？）"，"最终的职业目标是什么？（What you can be in the end？）"。

（六）评估与反馈

在人生的发展阶段，由于社会环境的巨大变化和一些不确定因素的存在，会使我们与原来制定的职业生涯目标与规划有所偏差，这时需要对职业生涯目标与规划进行评估并做出适当的调整，以便更好地符合自身发展和社会发展的需要。

某高校女生，计算机专业，在临近毕业时对自己的职业取向难以选择。就目前来说，计算机属于热门行业，找一份体面的工作并不难，但由于自己是女生，在就业时肯定又不如同班的男生，同时自己对教师职业比较喜欢。在这种多重矛盾并存的情况下，我们该如何帮助她进行职业规划并选择就业方向呢？

一、你是谁

某重点高校计算机专业毕业生，优秀学生干部，成绩优秀，通过英语国家六级；辅修过心理学、管理学；参加过高校演讲比赛，拿过名次；家庭状况一般，父母工作稳定，身体健康，暂时还不需要有人特别照顾；自己身体健康，性格上不属于内向，但也不是特别活跃，喜欢安静。

二、你想干什么

很想成为一名老师，这不仅是儿时的梦想，而且比较喜欢这种职业；其次可以成为公司的一名技术人员；如果出国读管理方面的硕士，回国成为一名企业管理人员也是可以接受的。

三、你能干什么

做过家教，虽然不是自己的专业，但与孩子交流有天生的优势，当学生成绩有进步时很有成就感；当过学生干部，人际关系处理得很好，组织过几次有影响的大型活动；实习时在公司做过一些开发，虽然没有大的成就，但感觉还行。

四、环境允许你干什么

家里亲戚推荐去一家公司做技术开发。GRE考得还可以，已经向国外几所高校投递了入学申请，但能不能有奖学金很难说，况且现在签证比较困难。去年曾有几家学校来系里招聘教师，但不是当老师，而是要去学校做技术维护。今年不知会不会有学校再来招聘教师。有同学开了一家公司，希望自己能够加盟，但自己不了解该公司的具体业务，也不知道它有多大的发展前途。

五、最终的职业目标是什么

最后的选择可能有四种，分别如下。

（1）到一所学校当老师，自己有这方面的兴趣和理想，在知识和能力方面并不欠缺，并且自己有信心成为学生心目中理想的好老师。不足的是缺乏作为一名教师的基本训练以及一些技巧，但这些可以在实践中逐步积累。

（2）到公司做技术人员，收入上会好一些，但通过这几年的发展看，该行业起伏较大，同时由于技术发展较快，需要随时对自己进行知识更新，压力较大，信心不足，兴趣也不是很大。

（3）去同学的公司工作，丢掉专业，从底层做起，风险较大，这与自己求稳的心理性格不符，同时家庭方面也会有阻力。

（4）如愿以偿获得奖学金，能够出国读书，回国后做一名企业管理人员。不确定因素较多，且自己可把握的较少，自己始终处于被动状态。

老师建议：单纯从职业发展上看，这四种选择都有其合理性，但对个体而言，第一种选择显然更符合她本人的职业取向。从心理学上看，第一种选择能够使她得到最大的满足,在工作中也最容易投入,做出一定的成绩后会有很大的成就感。从职业前途看,教师这个职业日益受到社会的尊重,社会地位呈上升趋势。从性格上看,这种职业也比较符合她的职业取向。主要困难是非师范类毕业生进入教师行业的门槛比较高,如果她能够确定自己的最终目标后努力去弥补在职业技巧方面与师范生的差距,那么,她实现自己的职业理想将为时不远。

史上最成功的求职者——看诸葛亮的职业生涯规划[①]

东汉三国时期,群雄逐鹿,人杰辈出。与绝大多数怀才不遇者的思维定式相反:长期隐居南阳草庐的诸葛亮一出山就投靠了当时最为势单力薄的刘备集团并终生为其奔走效力。

在为刘备集团作出杰出贡献的基础上,诸葛亮实现了个人事业的成功——这归根结底取决于诸葛亮近乎圆满的职业规划。

首先,诸葛亮的个人职业发展定位非常清晰。诸葛亮自幼胸怀大志,始终以春秋战国时期两位著名的最高参谋管仲、乐毅为个人楷模,立誓要成为他所处时代杰出的谋略大师,为光复汉室贡献力量;同时,诸葛亮也非常清楚,他自己长期积累的才干已具备了实现职业目标的可能!

其次,从应聘对象选择上看,诸葛亮也独具慧眼:曹操已经统一了半个中国,实力雄厚,最有资格挑战全国统治权;孙权只求偏安自保;而势力最为弱小的刘备集团却具备快速成长,与曹操、孙权三足鼎立乃至在此基础上有一统天下的可能性。

原因在于:第一,刘备始终坚持光复汉室的理想并在全国赢得了相当一批支持者——这与诸葛亮的个人价值观吻合;第二,刘备品性坚忍顽强,敢于与任何强大的敌人对抗;第三,刘备待人宽厚谦和,团队凝聚力超强;第四,刘备是汉朝皇族后裔,具备名正言顺继承大统的资格——以上条件恰恰是刘备增值潜力最大的资源且其他诸侯很难模仿、替代。此

[①] 参见佚名《史上最成功的求职者——看诸葛亮的职业生涯规划》,见知音网(http://www.zhiyin.cn/zc/2010/0422/article_ 5639_ 2. html),有改动。

外,还有一个非常重要的原因:到赤壁之战前夕时,曹操和孙权两大集团都已人才济济、颇具规模,诸葛亮若去投奔,最多也只能成为一名中层管理人员;而刘备集团当时主要由一些武将构成,高级参谋人才奇缺,诸葛亮完全有可能被破格提拔进入最高领导层!

最后,在应聘准备和应聘实施方面,诸葛亮更是做得完美无缺。

在个人推销方面,诸葛亮通过躬耕陇亩给外界留下踏实肯干的印象;同时,他还作了一篇《梁父吟》,含蓄地表明心志;此外,诸葛亮在与外人言谈中每每自比管仲、乐毅,一方面宣传了个人的卓越才华,另一方面也表明了他对和谐双赢的君臣关系的向往——诸葛亮个人才能和求职意向等重要信息最终通过各种渠道传递到了刘备那里。

在应聘临场发挥方面,诸葛亮通过逻辑严谨的精彩表述充分展现了个人对国内军事、政治形势以及刘备集团未来发展战略的全面深入思考,令刘备对这个 27 岁的年轻人大为叹服。此后,刘备始终待诸葛亮为上宾,全部重大决策都要与其共同协商探讨,甚至在临终之时还有托孤让位之举;诸葛亮也始终对刘备忠诚一心,鞠躬尽瘁。深厚的君臣情谊是刘备集团后来事业蓬勃发展,最终与曹操、孙权三足鼎立的重要因素并传为千古佳话。

诸葛亮是昔日乱世中的一个孤儿,若非其具备正确的职业选择能力,很可能就被淹没在历史的尘埃之中,永不为人所知。但积极进取且颇有心计的诸葛亮通过在职业选择上的完美谋划,彻底改变了自己的命运!

活动 6

生命的清单[①]

五官科病房里同时住进两位病人,都是鼻子不舒服。在等待化验结果期间,甲说,如果是癌,立即去旅行,并首先去拉萨。乙也同样如此表示,结果出来了。甲患的是鼻癌,乙患的是鼻息肉。

甲列了一张告别人生的计划表离开了医院,乙住了下来。

---

① 参见佚名《生命的清单》,见百度文库(http://wenku.baidu.com/view/8824a37c1711cc7931b7 1632.html),有改动。

甲的计划表是走一趟拉萨和敦煌,从攀枝花坐船一直到长江口,到海南的三亚以椰子树为背景拍一张照片,在哈尔滨过一个冬天,从大连坐船到广西的北海,登上天安门,读完莎士比亚的所有作品,力争听一次瞎子阿炳原版的《二泉映月》,写一本书……凡此种种,共27条。

他在这张生命的清单后面这样写道:我的一生有很多梦想,有的实现了,有的由于种种原因没有实现,现在上帝给我的时间不多了,为了不遗憾地离开这个世界,我打算用生命的最后几年去实现还剩下的这27个梦。

当年,甲就辞掉了公司的职务,去了拉萨和敦煌。第二年,又以惊人的毅力和韧性通过了成人考试,在此期间,他登上了天安门,去了内蒙古大草原,还在一户牧民家里住了一个星期,现在,这位朋友正在实现他出一本书的夙愿。

有一天,乙在报纸上看到甲写的一篇散文,打电话去问甲的病。甲说:"我真的无法想象,要不是这场病,我的生命是多么的糟糕。是它提醒了我去做自己想做的事,去实现自己想去实现的梦想。现在我才体味到什么是真正的生命和人生。你生活得也挺好吧?"

乙没有回答。因为在医院时说的去拉萨和敦煌的事,早已因患的不是癌症而抛到脑后去了。

这个世界上,其实每个人都患有一种"癌症",那就是不可抗拒的死亡。

我们之所以没有像那位患鼻癌的人一样,列出一张生命清单,抛开一切多余的东西,去实现梦想,去做自己想做的事,是因为我们认为我们还会活得更久。

然而,也许正是这一点量上的差别,使我们的生命有了质的不同——有些人把梦想变成了现实,有些人把梦想带进了坟墓。

各位同学,时不待我,也为自己制作一张关于人生规划的清单吧!

1. 个人基本情况

姓名		性别		出生年月	
年龄		死亡预测		尚余时间	
自我评价					

性格特征	优势性格特征		劣势性格特征	
性格特征	①		①	
	②		②	
	③		③	
	④		④	
自我工作生活经历分析表				

	时间、地点和内容	积累的经验	培养的能力	取得的成绩
工作或生活经历				

2. 人生目标

职业目标:
技术等级目标:
收入目标:
社会影响目标:
重大成果目标:
其他目标:
人生目标通道: (1) 图示。 □ ⇒ □ ⇒ □ ⇓ □ ⇐ □ ⇐ □ (2) 简要文字说明。

3. 长期目标（10 年以上）

职业目标：
岗位目标：
技术等级目标：
收入目标：
重大成果目标：
其他目标：
长期目标通道： （1）图示。 □ ⇒ □ ⇒ □ ⇓ □ ⇐ □ ⇐ □ （2）简要文字说明。   实现目标需要进行的准备与积累：

4. 中期目标（10 年）

岗位目标：
技术等级目标：
收入目标：
其他目标：
中期目标通道： （1）图示。 □ ⇒ □ ⇒ □ （2）简要文字说明。
实现目标需要进行的准备与积累：

5. 短期目标（5年）

岗位目标：
技术等级目标：
收入目标：
其他目标：
短期目标通道： （1）图示（较详细）。 ☐ ⇒ ☐ ⇒ ☐ （2）简要文字说明。
短期计划细节： （1）短期内要完成的主要任务、时间。 （2）有利条件。 （3）可能发生的意外与应急措施。
现在我应该做：

6. 近期目标（1～3年）

岗位目标：
技术等级目标：
收入目标：
其他目标：
短期目标通道： （1）图示（较详细）。 □ ⇒ □ ⇒ □ （2）简要文字说明。
短期计划细节： （1）短期内要完成的主要任务、时间。 （2）有利条件。 （3）可能发生的意外与应急措施。
现在我应该做

附录 1

职业锚（职业倾向）自我评价测试问卷[①]

概念提示：职业锚就是指当一个人不得不做出选择的时候，他（她）无论如何都不会放弃的职业中的那种至关重要的东西或价值观。正如"职业锚"这一名词中"锚"的含义一样，职业锚实际上就是人们选择和发展自己的职业时所围绕的中心。一个人对自己的天资和能力、动机和需要以及态度和价值观有了清楚的了解之后，就会意识到自己的职业锚到底是什么了。

1. 你在高中时期主要对哪些领域比较感兴趣（如果有的话）？为什么会对这些领域感兴趣？你对这些领域的感受是怎样的？

2. 你在大学时期主要对哪些领域比较感兴趣？为什么会对这些领域感兴趣？你对这些领域的感受是怎样的？

3. 你毕业之后所从事的第一种工作是什么？（如果相关的话，服役也算在其中。）你期望从这种工作中得到些什么？

4. 当你开始自己的职业生涯时，你的抱负或长期目标是什么？这种抱负或长期目标是否曾经出现过变化？如果有，那么是在什么时候？为什么会变化？

5. 你第一次换工作或换公司的情况是怎样的？你期望下一个工作能给你带来什么？

6. 你后来换工作、换公司或换职业的情况是怎样的？你为什么会做出变动的决定？你所追求的是什么？（请根据你每一次更换工作、公司或职业的情况来回答这几个问题。）

7. 当你回首自己的职业经历时，你觉得最令自己感到愉快的是哪些时候？你认为这些时候的什么东西最令你感到愉快？

8. 当你回首自己的职业经历时，你觉得最让自己感到不愉快的是哪些时候？你认为这些时候的什么东西最令你感到不愉快？

[①] 参见佚名《职业锚（职业倾向）自我评价测试问卷》，见百度文库（http://wenku.baidu.com/view/7133e3687e21af45b307a870.html），有改动。

9. 你是否曾经拒绝过从事某种工作的机会或晋升机会?为什么?

10. 现在请你仔细检查自己的所有答案,并认真阅读关于五种职业锚(管理型、技术或功能型、安全型、创造型、自治与独立型)的描述。根据你对上述这些问题的回答,分别将每一种职业锚赋予从 1～5 之间的某一分数,其中"1"代表重要性最低,"5"代表重要性最高。

管理型_____。

技术或功能型_____。

安全型_____。

创造型_____。

自主与独立型_____。

一、技术或功能型职业锚

具有较强的技术或功能型职业锚的人往往不愿意选择那些带有一般管理性质的职业。相反,他们总是倾向于选择那些能够保证自己在既定的技术或功能领域中不断发展的职业。

二、管理型职业锚

有些人则表现出成为管理人员的强烈动机,"他们的职业经历使得他们相信自己具备被提升到那些一般管理性职位所需要的各种必要能力以及相关的价值倾向"。必须承担较高责任的管理职位是这些人的最终目标。当追问他们为什么相信自己具备获得这些职位所必需的技能时,许多人回答说,他们之所以认为自己有资格获得管理职位,是由于他们认为自己具备以下三个方面的能力:①分析能力(在信息不完全以及不确定的情况下发现问题、分析问题和解决问题的能力);②人际沟通能力(在各种层次上影响、监督、领导、操纵以及控制他人的能力);③情感能力(在情感和人际危机面前只会受到激励而不会受其困扰和削弱的能力,以及在较高的责任压力下不会变得无所作为的能力)。

三、创造型职业锚

有些人在毕业之后逐渐成为成功的企业家。这些人都有这样一种需要:"建立或创设某种完全属于自己的东西——一件署着他们名字的产品或工艺、一家他们自己的公司或一批反映他们的成就的个人财富等等。"

四、自主与独立型职业锚

有些人在选择职业时似乎被一种自己决定自己命运的需要所驱使着,他们希望摆脱那种因在大企业中工作而依赖别人的境况,因为,当一个人在某家大企业中工作的时候，他（她）的提升、工作调动、薪金等诸多方面都难免要受别人的摆布。这些毕业生中有许多人还有着强烈的技术或功能导向。然而，他们却不是到某一个企业中去追求这种职业导向，而是决定成为一位咨询专家，要么是自己独立工作，要么是作为一个相对较小的企业中的合伙人来工作。具有这种职业锚的其他一些人则成了工商管理方面的教授、自由撰稿人或小型零售公司的所有者等等。

五、安全型职业锚

还有少部分人极为重视长期的职业稳定和工作的保障，他们似乎比较愿意去从事这样一类职业：这类职业应当能够提供有保障的工作、体面的收入以及可靠的未来生活。这种可靠的未来生活通常是由良好的退休计划和较高的退休金来保证的。

对于那些对地理安全性更感兴趣的人来说，如果追求更为优越的职业，意味着将要在他们的生活中注入一种不稳定或保障较差的地域因素的话——迫使他们举家搬迁到其他城市，那么他们会觉得在一个熟悉的环境中维持一种稳定的、有保障的职业对他们来说是更为重要的。对于另外一些追求安全型职业锚的人来说，安全则是意味着所依托的组织的安全性。他们可能优先选择到政府机关工作，因为政府公务员看来还是一种终身性的职业。这些人显然更愿意让他们的雇主来决定他们去从事何种职业。

附录2

管理人员能力评价表[①]

能力分类	能力要求	个人能力程度	得分
分析能力	有能力对一个形势或工作的组成因素进行论证,并能分析出其中的连接关系	1. 较差 2. 一般 3. 良好	
综合能力	有能力将不同的组成部分综合在一起,并对其优势成分进行论证说明	1. 较差 2. 一般 3. 良好	
预测能力	有前瞻能力,有远见,并有能力制订战略性计划,组织先行工作	1. 较差 2. 一般 3. 良好	
决策能力	有根据不全面的信息分析、评价、选择并做出最终的决策和承担风险的能力	1. 较差 2. 一般 3. 良好	
规划能力	有能力对所定目标进行论证说明,确定重点,制订行动计划,最终达到目的	1. 较差 2. 一般 3. 良好	
领导能力	有能力确定目标,让人接受一种观点、一个方案,或一项行动计划。进行组织落实,确定检验标准及范围,并有能力对工作进行追踪	1. 较差 2. 一般 3. 良好	
组织能力	有能力设计一个组织机构,制定目标、工作方法和相关制度,并组织实施	1. 较差 2. 一般 3. 良好	
落实能力	具有正确传达上级指示、核定行动计划、制订具体的落实方案的能力	1. 较差 2. 一般 3. 良好	

[①] 参见佚名《管理人员能力评价表》,见百度文库(http://wenku.baidu.com/view/9cbf2cd850e25 24de5187eal.html)。

续上表

能力分类	能力要求	个人能力程度	得分
先行活动能力	有能力明确制定工作目标，并有能力创造实现工作目标的各种条件	1. 较差 2. 一般 3. 良好	
授权能力	有能力将一项具体的任务授权给另一位同事或下属完成	1. 较差 2. 一般 3. 良好	
参与能力	有能力参与到相关工作中去	1. 较差 2. 一般 3. 良好	
沟通能力	有能力说明自己的意见，观察别人的反应，倾听别人的意见，对其意见进行整理，做好协调统一工作	1. 较差 2. 一般 3. 良好	
适应能力	在变化的形势中，面对不同的对手，仍能把握住方向，创造巨大的效益	1. 较差 2. 一般 3. 良好	
谈判能力	身处冲突的形势环境中，有能力论证自己的意见，分析对方的观点，并找到协调的方法	1. 较差 2. 一般 3. 良好	
坚持能力	尽管存在着困难和障碍，但有能力落实一项长期的计划	1. 较差 2. 一般 3. 良好	
责任能力	全身心地投入落实所定目标的工作中，以独立的意识面对形势，具有行使权利、独立管理自己工作范围的能力	1. 较差 2. 一般 3. 良好	
创新能力	有能力结合实际，想出新的解决问题的办法	1. 较差 2. 一般 3. 良好	

续上表

能力分类	能力要求	个人能力程度	得分
检验能力	有能力对工作结果进行评价,检验其是否与预期需达到的目标的要求相符,并具有传达评价、更正或弥补工作结果与目标之间差距的能力	1. 较差 2. 一般 3. 良好	
伦理能力	有自觉地按照正确的伦理观念,处理企业内外部各方面利益关系的能力	1. 较差 2. 一般 3. 良好	
情绪控制能力	了解自己和他人的情绪,有能力控制自己和他人的不良或极端的情绪	1. 较差 2. 一般 3. 良好	
激励能力	有在挫折或平凡中使自己和他人保持积极性的能力	1. 较差 2. 一般 3. 良好	
学习能力	有根据工作要求主动向书本、向他人、向自己学习的能力	1. 较差 2. 一般 3. 良好	
个 人 总 分			

评价说明:此评价表将管理能力划分为22项,将个人能力程度分成三级,根据被评价者的层级与侧重点不同可选择不同的能力项进行组合评估。

附录 3

职业满意度测试[①]

一、测试说明

要选择一种适合自己的职业,有许多因素的限制。这里我们所能做到的是,确认你对目前的职业是否满意。以下每题的三个答案都有确定的分值,请你回答完以后合计总分值,然后对照结果。

二、测试题目

1. 你工作时看表吗?(　　)。
   A. 不断地看(1分)
   B. 不忙的时候看(3分)
   C. 不看(5分)
2. 到了星期一早晨(　　)。
   A. 你愿意回到单位去(5分)
   B. 你渴望摔伤腿而住进医院(1分)
   C. 开始觉得勉强,过一会就想回到单位去上班(3分)
3. 一天快结束时,你感觉如何?(　　)。
   A. 疲惫不堪,全身不舒服(3分)
   B. 为能维持生活而感到高兴(1分)
   C. 有时感到累,但通常很满足(5分)
4. 对自己的工作忧虑吗?(　　)。
   A. 偶尔(5分)
   B. 从来没有(3分)
   C. 经常(1分)
5. 你认为你的工作(　　)。
   A. 对你来说是大材小用(1分)
   B. 使你很难胜任(3分)

[①] 参见佚名《职业满意度测试》,见 MBA 智库文档(http://doc.mbalib.com/view/3b989b80cl4ba29b955bf86ec2d604eb.htm121)。

C. 从没想过要做这份工作（5分）

6. 你对自己的工作（   ）。

   A. 不讨厌（5分）

   B. 感兴趣，但有困难（3分）

   C. 厌烦（1分）

7. 你用多少时间打电话或做些与工作无关的事？（   ）。

   A. 很少一点时间（5分）

   B. 在个人生活遇到麻烦时用一些（3分）

   C. 很多时间（1分）

8. 你想换个职业吗？（   ）。

   A. 不太想（5分）

   B. 不想，但想在本职业中找个好位置（3分）

   C. 想（1分）

9. 你觉得（   ）。

   A. 你总是很有能力（5分）

   B. 你有时很有能力（3分）

   C. 你总是没有能力（1分）

10. 你认为你自己（   ）。

    A. 喜欢并尊重同事（5分）

    B. 不喜欢同事（3分）

    C. 和你的同事比差不多（1分）

11. 哪种情况与你最相符？（   ）。

    A. 不想再钻研有关工作的知识（1分）

    B. 开始工作时很喜欢学习（3分）

    C. 愿再学点有关工作的知识（5分）

12. 你具有哪些个性特点？你认为工作需要什么？（   ）。
    （两个问答每重叠一项计5分，不重叠计2分）

    A. 专心　　　B. 幽默　　　C. 体力好

    D. 思维敏捷　E. 好创新　　F. 镇定

    G. 记忆力好　H. 有魅力

13. 你最赞成以下哪种说法？（   ）。

    A. 工作即赚钱谋生（1分）

B. 主要为赚钱,如有条件希望能做令人满意的工作（3分）

C. 工作即生活（5分）

14. 工作加班吗？（　　）。

    A. 如果付加班费,就加班（3分）

    B. 从不加班（1分）

    C. 经常加班,没有加班费也如此（5分）

15. 除假日或病假,你是否缺勤？（　　）。

    A. 一点也没有（5分）

    B. 仅仅几天（3分）

    C. 经常缺（1分）

16. 你对自己的工作（　　）。

    A. 劲头十足（5分）

    B. 没有劲头（1分）

    C. 一般化（3分）

17. 你认为你的同事（　　）。

    A. 喜欢你（5分）

    B. 不喜欢你（1分）

    C. 一般化（3分）

18. 关于工作上的事,你（　　）。

    A. 只与同事谈论（3分）

    B. 同家里人和朋友谈（5分）

    C. 尽量少谈或不谈（1分）

19. 你经常患小病或说不清的病吗？（　　）。

    A. 难得患一次（5分）

    B. 不经常患（3分）

    C. 经常患（1分）

20. 目前的工作你是怎样选择的？（　　）。

    A. 父母或老师帮忙决定的（3分）

    B. 你唯一能找到的（1分）

    C. 当时觉得很合适（5分）

21. 当家庭与工作矛盾时,哪方取胜？（　　）。

    A. 家庭一方（1分）

B. 工作一方（5分）

   C. 根据具体情况而定（3分）

22. 如果少付1/3工资，你还愿做这份工作吗？（   ）。

    A. 愿意（5分）

    B. 内心愿意，但负担不了家庭，只好作罢（3分）

    C. 不愿意（1分）

23. 如果你被迫离开工作，你最想念什么？（   ）。

    A. 钱（1分）

    B. 工作本身（5分）

    C. 工作单位（3分）

24. 你会为了消遣一天而请一天事假吗？（   ）。

    A. 会（1分）

    B. 不会（5分）

    C. 如果工作不忙，可能会（3分）

25. 你觉得自己在工作中不受赏识吗？（   ）。

    A. 偶尔觉得（3分）

    B. 经常觉得（1分）

    C. 很少觉得（5分）

26. 你最不喜欢你职业的哪个方面？（   ）。

    A. 时间太死板（3分）

    B. 乏味（1分）

    C. 不能按自己的想法做（5分）

27. 你爱人认为你把个人生活与工作分开吗？（   ）。

    A. 严格分开（1分）

    B. 时常分开，但也有不分开之处（3分）

    C. 完全没分开（5分）

28. 你建议自己的孩子将来做你的职业吗？（   ）。

    A. 是的，如果他有能力并且合适（5分）

    B. 警告他不要做（1分）

    C. 随孩子的便（3分）

29. 如果你有了一大笔钱，你会怎样？（   ）。

    A. 辞职，再也不干工作了（1分）

B. 找一个你一直想从事的职业（3分）
C. 继续做现在的工作（5分）

三、测试结果倾向

30~40分：极不满意自己的职业。毫无疑问，没有必要再干下去。如果你还年轻，应立即鼓足勇气去寻找令你满意的工作。

41~56分：不满意自己的职业。有可能你选错了职业，也有可能自己估计太高，因而产生失落感，工作的热情总是调动不起来。

57~99分：比较满意自己的职业。觉得工作环境挺好，同事也不错，有被提拔的机会，但你不一定喜欢艰苦的领导职务。

100~124分：非常满意自己的职业。工作对你十分重要，对工作有高度的责任感。你是工作中的成功者和愉快者。

125分及以上：你的职业已使你产生了变态心理。工作成了一切生活的需要，除此之外，你认为世界上任何事物都不复存在了。要警惕！

校园资源：

学校就业指导中心网站上有一套"大学生测评与规划服务平台"系统，包括"大学生个人素质测评体系"和"大学生职业适合度测评体系"。"大学生个人素质测评体系"包括十大模块，涵括了大学生职业规划、求职能力、心理健康等方面；"大学生职业适合度测评体系"包括40个模块，提供超过40类传统职业（内含100多个具体职业）测试，测试完毕后形成结果分析报告，是同学们进行人职匹配测试，更全面客观了解自己的理想工具。

大家可以登录进行测试，流程如下：

登录学校就业信息网：http：//lingnan. university - hr. cm/——职业测评——"大学生测评与规划"——登录用户端——输入账号及密码——正确填写完整个人信息——开始测评。

如有疑问可致电020 - 22305959 与就业指导中心老师联系。

毕业寄语

懂得工作、懂得生活，祝全体毕业生鹏程万里

——寄语2014届全体毕业生

亲爱的2014届毕业生：

2014毕业季已经来临，下面我就学生记者提问作简要回答。

一、毕业季主题——向往

首先，我想借助我们团委学生会这个平台，向2014届全体毕业生带上我最诚挚的祝福。讲到向往，仁者见仁，智者见智。作为一位老教师，我对大家的向往是一句老话，叫做"少年强则国家强，少年富则国家富"。你们毕业以后能脚踏实地，那么广东乃至中国就能脚踏实地。你们能顶天立地，那么广东乃至中国就能顶天立地。

二、对本届毕业生的总体评价

谈到这个问题我感到很欣慰，我们自己跟自己比，2014届的毕业生在各方面做出了很多让老师和社会都感到很欣慰的成绩。譬如，我们的学风更好了，参赛的业绩更好了。今年参加金点子大赛的人数比以往更多了，我们的作品有5000多件，我看了以后非常高兴。

三、对本届毕业生的期待和希望

今年是甲午中日战争120周年，回想起那个时代，我们的国家极贫极弱，被动挨打。今天时代不同了，你们年轻人身上的担子就更重了，所以我想给你们四句话：

1. 母校用使命和责任开启了大家报国之门。所以同志们同学们要为实现伟大祖国的民族复兴而生命不止、奋斗不息。

2. 母校用智慧、操守、技术和创造开启了你们立业之门。我希望大家到工作岗位一定要干一行、爱一行，专一行、成一行。

3. 母校用正义和道德开启了你们的心灵之门。我希望大家要永远恪守大爱，诚实守法，善良为人。

4. 母校用"每天锻炼一小时，健康工作五十年"的信条来教育大家，开启了你们健康生活之门。你们要懂得合群，懂得工作，也要懂得生活，懂得吃苦，还要懂得养生和享受。

有一句话我把它改了"待到成才成功之日，庆功勿忘告师翁"！最后，祝大家事业有成，鹏程万里。

广东岭南职业技术学院校长　俞仲文
2014 年 6 月

参 考 文 献

[1] 张振笋，黄新亮.大学生职业发展手册［M］.长春：吉林大学出版社，2009.

[2] 翁婧，董金宝.职业发展教育与就业指导［M］//北京林业大学年鉴2009.北京：中国林业出版社，2009.

[3] 翁婧，程武.职业发展教育与就业指导［M］//北京林业大学年鉴2010.北京：中国林业出版社，2010.

[4] 韦静.高职院校《大学生职业发展与就业指导》教学改革的探索与实践——以安徽工商职业学院为例［J］.咸宁学院学报，2012（7）.

[5] 安身健.大学生职业发展实践教学的问题探索［J］.南阳师范学院学报：社会科学版，2009（10）.

[6] 高洁静.大学生职业发展教育——德育工作新途径［J］.科技信息，2008（8）.

[7] 屈振辉，戴丽君.完善《大学生职业发展与就业指导课程教学要求》三题［J］.就业，2012（14）.

[8] 王建农.职业生涯规划——不需要教科书的课程［J］.中国大学生就业，2008（13）.

后 记

  本书是由长期奋斗在教学和学生管理工作第一线的教育工作者根据多年的教学实践和工作经验加以总结和提炼并经过整理编撰而成，是本书编委会全体成员集体智慧的结晶。

  本书是实践与理论的结合。本书编者在教学和学生管理工作过程中积累了大量的素材和案例，编写时灵活运用职业生涯规划和就业指导理论，将典型案例与理论要点相结合，以适度掌握基本理论为前提，以提高能力为重心，以培养人才为目标，使得本书更贴近大学生实际需求，更具指导意义。

  本书由广东岭南职业技术学院的李峻、卜佳锐老师主编。同时得到了学院领导的大力支持，学院有多年学生工作经验的一线老师参与本书撰写工作并做了很多其他工作，付出了辛勤的劳动，本书的完成有赖于大家的共同努力；同时，教材中也参考了互联网上的一些案例，由于资料太多，未能一一注明出处。在本书出版之际，向上述资料作者表示真挚的感谢。

  由于时间仓促和编者水平有限，书中难免存在不足甚至错误之处，恳请广大专家、读者批评指正！

编者

2014 年 9 月